方志敏的故事

杨春光　编著

中国社会出版社

编者的话

胡锦涛总书记在一次中央领导集体学习时，特别强调要铭记中国革命史。他说，要把学习中国革命史与加强理想信念教育紧密结合起来，做到任何时候、任何情况下，都坚持理想信念不动摇、革命意志不涣散、奋斗精神不懈怠。

一部中国革命史的核心内容和本质要义，自然是爱国主义、革命理想和革命英雄主义。要铭记中国革命史，就必须坚持并加强革命传统教育，就要突出向革命英雄学习，学习他们为了革命理想和共产主义信念前仆后继，不怕流血牺牲的大无畏革命精神。

这套《英雄故事丛书》应时而生、应运而生、应势而生。丛书首批精选了《雷锋的故事》《张思德的故事》《刘志丹的故事》《刘胡兰的故事》《黄继光的故事》《马本斋的故事》《赵一曼的故事》《江竹筠的故事》《杨靖宇的故事》《邱少云的故事》《董存瑞的故事》《狼牙山五壮士的故事》《方志敏的故事》《王若飞的故事》《向警予的故事》等十几位最具代表性的革命英雄人物的动人故事，奉献给广大读者。当我们开卷阅读这些生动、形象的理想信念教育和革命英雄主义教育的珍贵图书时，仿佛看见光辉璀璨和感人泪下的英雄群体列队正向我们大步走来；似乎听到了英雄们高声歌唱的《国际歌》；好像伸手就能够触摸到英雄们跳动的脉搏。通过这套丛书，我们又会真真切切地感觉到，英雄是民族的脊梁。中华民族正是因为有了一代又一代层出不穷的民族脊梁，才会在中国革命史上书写了一页又一页的光辉篇章，也才会有今天中华民族的伟大振兴。然而，在物欲横流面前，也有一部分人变成了金钱和物质的俘虏和奴隶。他们无视民族英雄的存在，把民族英雄、革命理想和光荣传统抛在脑后。当有人提议要进行革命英雄主义教育的时候，竟然会有人不屑一顾。据一次若干所中小学校的千人社会调查结果反映出，知道刘胡兰、黄继光、董存瑞等英雄人物的中小学生，竟然不足被调查人数的20%，能够说出英雄人物感人事迹的更是屈指可数。难道这还不令人深深叹息和无比痛心吗？

无疑，《英雄故事丛书》的读者是全体国民，但是其主体读者是广大青少年、解放军战士、青年工人、青年农民和大中小学生。100年前有识之士梁启超说过："少年智则国智，少年富则国富，少年强则国强，少年独立则国独立，少年自由则国自由，少年进步则国进步，少年胜于欧洲则国胜于欧洲，少年雄于地球则国雄于地球。"青少年永远是祖国的希望和未来，以爱国主义和革命英雄主义为主旨的"八荣八耻"教育，首先在广大青少年之中展开，不仅是现实的迫切需要，更有其远大的战略目标。

《英雄故事丛书》的作者，大都是40～50岁，他们以高度的责任心、丰富的社会经验、充实的历史知识、深邃的洞察能力、成熟的写作技巧融入的这套丛书，翔实厚重、手法灵活、视角独特、可读性强。他们为广大青少年读者奉献了一套内容丰富的精神食粮，一套不是教辅胜似教辅的好书。在此，我们代表广大读者，尤其是青少年读者，向这套丛书的作者表示由衷的谢意！

目录

几度辍学的勤奋少年

1899 年 8 月 21 日（农历七月十六日），方志敏诞生于江西省弋阳县漆工镇湖塘村。弋阳县位于江西省东北部，信江从县境内流过，曲曲折折，流出一个“乙”字，弋阳之名由此得之。弋阳县有山有水，风景如画，尤其是方志敏所在的漆工镇，山水相连，山上的红枫色泽鲜艳，昂然挺拔。构成一道美丽的风景。但同这美丽的景色不相称的是农民生活的极度贫困。在 19 世纪末期的苦难时代，飘摇欲坠的满清王朝，一方面对帝国主义“量中华之物力，结与国之欢心”，另一方面则愈发对农民显示出凶恶的一面，农家的生活一天比一天难过。世代务农的方家被迫在土地上求生存，在地主的压迫下挣扎。

方志敏出生于一个大家庭，其祖父长庚老人领着一家四十余口聚族而居。方家除了自己的几亩薄田之外，还不得不租佃地主的土地，每年要把收获的大部分交给地主，应付各种捐税，虽然人口很多，但对穷人家来说，口多田少，只能是“多子多难”。方家每年租种地主一百亩土地，要交粮食二百多石，全家老小不得不整日在田间劳动，可依然是食不果腹，生活非常困难。

通常来说，像方志敏这样吃了上顿没下顿的家庭，让小孩去私塾读书是不可能的事情。方志敏打小就没有读书的奢望，每天勤奋地在田拔草，喂猪，农活样样都干。7岁那年，方志敏的祖父爱孙心切，更是感觉方家四十余口，都目不识丁，吃了很多不识字的亏。为了让家族里有一个能识文断字的人，方志敏的祖父长庚老人决定在孙子辈里挑选一人去私塾读书。方志敏小时候就胆大心细，聪明大方，深得祖父的喜爱，又因为在家排行居中，暂时还用不上他干体力重的农活。所以，方志敏被挑选到村中私塾读书去了。

湖塘村私塾的主持是满清的老秀才，叫严常新。他虽然对近代科学知识一窍不通，但教书倒也一丝不苟。方志敏入了私塾后，非常珍惜这来之不易的读书机会，加之天资聪颖，很快就将《三字经》、《千字文》、《幼学琼林》等背得滚瓜烂熟，深得严常新的喜爱。可好景不长，三年后，因为天旱地薄，庄稼连连歉收，方家再也交不起每年的学费了，方志敏只好停学在家。方家的困难，严常新当然是非常了解，他觉得方志敏是一个很难得的奇才，如果不上学真是可惜。严常新亲自找到方志敏的祖父说：“你家正皓天阁饱满，地阁方圆，以后肯定不是种田人，能当大官啊！”长庚老人虽然不敢奢望方家以后能出大官，但对严常新是非常尊敬的。严常新又说：“我教书几十年，还没有遇到方志敏这样的学生，年纪那么小就能背诵《百家姓》、《三字经》等十几本书，又能出口成章，真是可造之才。你家虽然贫困，但遇到这样的奇才也要供他读书。”

在旧时代，读书做官不但是所谓的“正道”，也是农民获得家族振兴的捷径。严常新如此器重方志敏，使长庚老人产生一种希望。于是，辍学几个月的方志敏得以继续读书，不过这次不在本村私塾，而是到烈桥搭学去了。

信江从弋阳经过，将弋阳分为两个部分，信江以北被称之为北乡。在北乡有一个大名鼎鼎的人物叫张念诚，被称为“北乡王”。

“北乡王”聘请严常新来家里教书，严常新向他推荐了方志敏，说此人是不世之才，前途不可限量，如果能让他来搭学，不但对张家小孩有示范作用，以后真地能出人头地，也可以落个知人的美名。张念诚对严常新的话是将信将疑的，他很难相信一个农家子弟能像他说得那么好，不过既然聘请了严常新教书，也不便驳他的面子。于是，方志敏就这样来到张家。

方志敏确实长得一表人才，又加上不卑不亢，从容应对的风度，使“北乡王”暗暗称奇，他不禁在心中喊了一声：“真人才也。”严常新的推荐，以及他本人的亲自考察，都使张念诚越发肯定方志敏前途不可限量，为了将方志敏收在自己门下，张念诚不但允许方志敏在他家里搭学，更是准备将自己还没有成年的女儿嫁给他。“北乡王”居然要将自己女儿下嫁给一个穷小子，这在方家引起了激烈争论，方家觉得对张念诚是高攀不起的，但又不能拂了“北乡王”的面子，想来想去，只好以小孩年龄小，暂时无法定亲，等以后长大再说的理由推脱掉这门亲事。张念诚做不成岳父，随即就认方志敏为义子。就这样，方志敏在张家开始了搭学。

一年后，方家再出变故，方志敏的祖父长庚老人过世了。过去长庚老人在的时候，是家里的主持，下面儿女虽然很多，但依然共同生活在一起,没有闹分家。现在祖父去世后,兄弟几个便准备分家。过去,方志敏的学费是靠整个大家庭来支付的,现在分家后,方志敏的学费便没有着落。方志敏的姐姐早已经出嫁,家里只有兄弟俩,分家后,田里的人手不够,就这样,方志敏只好回家种田去了。

方志敏虽然回家种田,但方氏族人毕竟不甘心,严常新不是说方志敏将来肯定是斯文人,不是种田佬吗?这话对啊,湖塘村有山有水,背后靠的是来龙山,怎么就出不了一个读书人呢?况且方志敏确实聪颖好学,名声在外,如果就此辍学不是可惜了吗?方氏族人一合计,觉得不能把方志敏耽误了,应该由祖先祠堂组织共同出钱,供方志敏读书。过去,南方宗族势力比较强大的地方,每村都设有祠堂,由家族长老主持,负责决定家族内的大事。由于上学的费用昂贵,一般家族都选择族中比较有培养前途的子弟去学堂读书。但是,接受家族资助的子弟在学成做官后,也要回报家族。方志敏的父亲方高熹在族人的鼓动之下,在祠堂按了手指印,同意让方志敏继续念书。

当时科举制被废,私塾不再兴盛,新式学堂逐渐流行起来。1916 年,方志敏就到了弋阳高等小学堂读书去了。在弋阳高等小学堂念书的方志敏,抓住这难得的机会,一心想为家族赢得荣光,可当时的社会背景又哪里允许他实现自己的梦想。几年后,由于方氏族人无法继续提供学费,方志敏只好从高等小学堂再次辍学回家。

回家之后,父亲告诉他,家里的困难你也是知道的,以后恐怕你不能再读书了,只能在家种田啦。方志敏知道父亲的苦楚,虽然非常想继续读书,可还是装出一副笑脸告诉父亲:“我不想再读书了,今后我就在家安心种田。”就在方志敏下决心在家安心种田的时候,一个偶然的时机,使方志敏得以继续了他的求学生涯。

在愚昧落后的农村，私塾教师被认为能识文断字，很受人尊敬，在农村里也享有一定的特权。由于农民本身的愚昧，另外一种人，也就是看相、看风水的先生，也很受农民的重视，因而在农村大行其道。一天，方志敏正在田间劳动，一个会“麻衣神相”的算命先生，神秘地对方志敏的父亲说：“你家的正皓生得鼻峰贯顶，双目有神。人家说漆工镇是风水绝佳之地，可惜也没有一位大人物，说不定这大人物将来就出在你方家呢！”方志敏的父亲一听算命先生的话，就有点动心，可自己家里的情况，又怎么能允许方志敏继续读书呢。算命先生的话很快在湖塘村传开，方家的几个亲戚都来劝方志敏的父亲：“你家正皓既然有这样的好前途，不送他读书不是耽误了他一世吗？”还有的说：“严先生说方志敏前途不可限量，这不正跟算命先生的话对上了吗？那张念诚可是见过世面的人，他不是也看中正皓，收他为义子。娃既然是富贵的命，就是卖地也要供他读书。”在众人的劝说下，方志敏的父亲咬紧牙关，在祠堂里立了字据，借了一大笔钱，决定送方志敏到省城“考举人”。

生活总是具有戏剧性。方志敏同志是伟大的无产阶级战士，是彻底的唯物主义者，可他却是在算命先生的“帮助”下，才从小小的湖塘，走进了弋阳，走进了省城，走进了中国革命的大舞台。

除夕夜里送“礼”

赣东北过年的时候有个风俗，吃年夜饭的时候要把大门紧紧关上，这叫“紧闭财门”，而到次日零点，新的一年开始的时候，又要把门敞开，这叫“打开财门”，为的是在新的一年能够招财进宝。

1912 年的除夕夜，当噼里啪啦的迎新年鞭炮声响起来的时候，漆工镇“鼎丰商号”的老板邵襄臣兴冲冲地从屋子里跑出来，他要在漆工镇第一个开门招财，以保佑他在新的一年里能大发利市。看着他跑出来，屋的家眷和长工丫鬟们，都跟在他的后面。邵襄臣猛地将院子大门一开，没想到从头顶上掉下来一个东西，一股臭味立迎面而来，他后退几步，定睛一看，原来是蘸上人粪的竹扫把，被人放在门上。扫把上用白纸写了两行字：“抬头见鬼，开门招灾”。

呸、呸，邵襄臣连吐了几口吐沫，大叫：“谁敢跟我作对，我让他不得好死。”旁边的长工、丫鬟虽然抿着嘴，不敢笑出声来，但心中都在骂："你这个吃人不眨眼的恶魔，活该！"

邵襄臣家资数十万，在漆工镇是数一数二的财主。邵家为富不仁，全部财产都靠放高利贷聚集而来。邵家不但豢养家丁，还跟官府勾结，如果有谁因为高利贷还不起，邵襄臣就派家丁去抄家，直逼得家破人亡。漆工镇很多贫穷家庭都深受其苦，又害怕邵家财大势大，只能是敢怒而不敢言。

邵襄臣回到屋，让家人都想象谁最可能做这样的事情，无奈他平时得罪人太多，想来想去，觉得谁都可能，可又没有证据。可骄横跋扈的他怎么能咽下下这口气！邵襄臣当天晚上就派人到处寻查，恶狠狠得宣称要把做这事情的人报官。可是这一查不当紧，邵襄臣一家在除夕夜的"奇事"像长了翅膀一样迅速传遍了漆工镇，甚至是弋阳县城也都知道了这件事情。

听说这件事情的人都暗暗高兴，他们打心眼里佩服这个人，帮助他们出了一口恶气。可又有谁能想到，做这件事情的居然是只有11岁的方志敏呢？

方志敏从小就嫉恶如仇，看到不公平的事情就想出头。为此，家里大人没少阻止他，害怕他招惹镇上的地主恶霸。

1912年春节前，方志敏到已出嫁的姐姐家里去。在路上，忽然听到一个妇女的哭声，两个大汉正在从这个妇女家里往外搬东西。只听那大汉说："还不滚出去，不要在这妨碍老子的事情。"

"可你们把我活命的粮食都搬走了，你让我们娘俩怎么活啊！"

"欠账还钱，谁让你借邵老板的钱不还，怪不得我们。"

"天哪，我当时借的钱说得好好的利息，现在还的时候突然要加五，利滚利的，我哪有钱还啊。"

看到两个大汉凶神恶煞的样子，周围乡亲纷纷指责他们。

“你们看这寡妇那么可怜，又带着一个孩子，又快过年了，你们把这么一点点粮食拿走，让他们以后怎么过啊！”

“你们这样替邵老板卖命，就不怕以后有报应，就不怕逼出人命来吃官司吗！”

两个大汉冷笑道：“我们是来替邵老板要债的，你还不起就不要借。我们邵老板官府里有人，就是吃官司又怎么样。”

看到寡妇和她的孩子孤苦无助的可怜样子，方志敏上前，一把夺过两个大汉手中的东西，说到：“谁都要过年，你把人家活命的粮食拿走，难道不是要人的命吗！”

邵家的家丁一把推开方志敏，骂道：“这里也是你说话的地方！你好心肠，你拿钱来把这寡妇的钱还了！”说着，就把寡妇家里能用的东西，几箩筐全部抬走了。寡妇和她的孩子除了哭再也说不出话来。

方志敏握紧了拳头，可他小小的年纪又能干什么呢？他不忍心继续看这悲惨的一幕，只好窝着一肚子的火，来到姐姐家。

在姐姐家，方志敏把他路上见到的事跟姐姐、姐夫说了。姐姐长叹一口气说：“那寡妇真是可怜啊。”

原来，这个寡妇刚嫁到漆工镇的时候，她的丈夫租种地主的几亩地，虽然日子过得很苦，但也过得下去。不幸的是她的丈夫得了病，无法下田劳动，又没钱治病，只能在家等死。丈夫死后，寡妇带这孩子，全靠给地主打零工过活。这一天，她的孩子得了疟疾，这个病当时已经有特效药“奎宁”可以治疗，寡妇无奈找邵襄臣借钱给孩子看病，当时写得好好的，借多少钱给多少利息，可邵襄臣欺负寡妇不认识字，在借条上写了“加五”的利息，这样以来，三年之后就翻了好几倍，这叫利滚利，寡妇怎么能还得起？

“这个为富不仁的邵襄臣，我要让他丢财破家。”方志敏满腔怒火地说。

“你小小年纪，怎么能对付他，邵家有钱有势，就是弋阳县的官也要让他三分啊。”姐夫拍着方志敏的肩膀说。

“那难道就这样让人欺负吗？”

“我们穷人有什么办法，跟他斗，怎么能斗得过！”

方志敏闷闷不乐的从姐夫家回来，他一路上都在想，难道就这样放过邵襄臣这样的恶霸吗？路过邵襄臣家时，方志敏望着邵家院子门前挂着两个红灯，灵机一动，计上心来。他想：我一定要警告邵襄臣，这些做生意的不是最爱讨好的兆头吗，我就是要让邵襄臣倒霉，染上晦气。怎么办呢？

方志敏回到家，用竹子扎了一个扫把，在粪池里蘸上大粪，偷偷地找了两张白纸，白纸是死人的时候才用上的，写上“抬头见鬼，开门招灾”8个字。

除夕夜，穷人家也没有什么好吃的、好玩的。方志敏吃完饭，拿着东西，偷偷去了漆工镇。为了防止家中财外泄，每家每户的门都紧关着，街道上也看不见人。方志敏轻手轻脚地将臭扫把和字放在门沿上，立刻就离开了。等到午夜零时一到，就出现了文中开始的那一幕。

捉 鬼

辛亥革命推翻了满清封建王朝，但封建文化和封建迷信还主宰着人们的头脑，这就与当时刚刚兴起并传播的反封建文化产生了激烈的冲突。在北京、上海等大城市，科学与玄学、理性与迷信的论战即将拉开帷幕，这一辩论的影响之深远，连小小的弋阳也不例外。

1917 年，弋阳县城接连发生怪事。就在弋阳县的最高学府高等小学后面，原来是满清王朝的刑场，有很多坟墓，每到晚上总是有穿着白色衣服的“鬼”出没，搞得人心惶惶，议论纷纷。这一怪事，同当时的新旧辩论一起，居然在县城形成了是否有鬼的争论。

方志敏在 1916 年进入高等小学读书后，由于他知识渊博、办事公平，不长时间内就成为高等小学的“名人”，同学们有了不解的事情都愿意跟他说，这场关于鬼的辩论，自然也传入他的耳中。

“都说有鬼，怎么到现在也没有抓到一个?”不信鬼的同学说到。

“鬼跟人是两个世界的，只有鬼抓人，人当然抓不到鬼了。”相信有鬼的同学反驳。

方志敏打小的时候也听过很多鬼的故事，可随着年龄的增长，特别是新知识的提高，他越来越对有鬼的说法产生了怀疑。他常常问自己，如果真的有鬼神，那么邵襄臣在大年初一被送了晦气，自己又在土地爷、庙里烧香叩头，请神仙让邵襄臣破财灭家，结果邵家不但没有破财，反而越来越发了家，生意越来越旺了呢。如果真的有神，那这个神也太不公平，对邵襄臣这样的恶人视而不见，却对那可怜的寡妇又狠又毒。即使有这样的神，也应该是被打倒的，方志敏暗暗地想。

可是，刑场的怪事怎么解释？为什么总是有穿白衣服的鬼出现在那里？

想到这，方志敏摆摆手对同学们讲：“耳听是虚，眼见为实，你们都说有鬼，到底谁亲眼看到了啊。”

大家都说得活灵活现，好像都是亲眼所见，但具体一问，谁也没有亲眼看到“鬼”的出现。方志敏说：“要不，我们去捉鬼，如果能捉到，不就证明有鬼了吗！”

“捉鬼？不敢，不敢。”胆小的同学马上摆手退缩。方志敏笑道：“让你去捉鬼，你又不去，那在这里争论到什么时候才有结果呢？”

在方志敏的怂恿下，几个胆大的同学准备晚上到刑场捉鬼。到了晚上，方志敏和邵式平等人翻过学校院墙，来到坟场边上，仔细观察。坟场果然阴森可怕，黑夜中四周非常安静，远处不断有“鬼火”点点。可观察了好一段时间，也不见鬼出现。这帮人的胆子逐渐大了起来，他们向坟堆靠近。

突然，一声凄厉的叫声从坟堆后响起来。有胆子小的同学扭头就跑，被方志敏一手拉住，众人又在旁边等了一会。这时“鬼”叫声似乎停住了。方志敏等人又往前走了几步，“鬼”叫声又出现了，似乎比刚才的更凄厉，而且不还止一个。方志敏感到很奇怪，好像“鬼”很害怕，如果靠近就叫，走远了又不叫，难道……

方志敏想了想，拉住几个同学，坚持向坟场走去。快到坟场的时候，突然跑出来一个头带黑高帽，手拿哭丧棒的“黑无常”来，嘴里念念有词：“黑无常、白无常，专勾人魂见阎王!”说着向他们跑来。一群人，仓促间非常害怕。方志敏安慰同学说，既然是来捉鬼的，就不应该怕鬼，他来得正好，我们可以去捉他啊。

方志敏没有跑，而是带头迎上去，这个“黑无常”见到方志敏等没有被吓跑，却迎上来，反而后退了几步。看到方志敏带头捉鬼，一群人上去把这个“黑无常”抓了起来。经过审讯，这个所谓的“黑无常”不过是一群窃贼中的一个，这些窃贼以为坟场很少有人来，所以每天晚上在这里分赃。这一来，轰动了弋阳县城，给封建迷信思想以沉重的打击，方志敏更是扬名于弋阳县城。

这次捉“鬼”的经历，给方志敏以很大的启发，这之后方志敏对鬼神之类的事情再也不相信了。后来，方志敏进入了南昌南伟烈学校，这是一所美国人开办的学校。方志敏在这里学习英文，学校主办者要求方志敏信仰基督教，提出只要方志敏信仰基督教，就可以免去他的学费，被方志敏拒绝了。这时方志敏还没有成为唯物主义者，但在高等小学捉鬼的经历，使他对无神论有着天然的亲近。

抵制日货

1919年秋，方志敏怀着工业救国的理想，以优异成绩考入江西省立第一甲种工业学校。但严峻的政治形势，民族危机的日渐加深，哪里还能让人安静地在学校里读书！

方志敏考入甲种工业学校的时候，“五四运动”的热潮正在南昌发酵，斗争正日渐走向深入。1919年，中国作为第一次世界大战的战胜国，出席了在巴黎举行的所谓和会，和会实际上是对战败国的无耻掠夺。作为战胜国家的美国、英国和法国想趁机通过和会捞取好处，德国成为他们主要的掠夺对象。当时，德国在中国山东有着特殊利益，控制着胶济铁路和铁路两边大量地产和矿业。按道理说，中国虽然没有直接参与第一次世界大战，但在大战后期有20多万中国劳工在欧洲为协约国服务，为协约国的胜利做出了政治、经济上的贡献，战后从德国那里收回被霸占的权利，是理所当然的事情。

然而，还有一个国家也在觊觎着德国在山东的权益，那就是日本。日本在第一次世界大战期间没出一枪一弹，只是在战争后期加入到协约国一边。日本在巴黎和会上提出，作为战胜国家应当接收德国在山东的权益。控制中国山东，这是与日本长期的国家战略相关的，当时日本已经在中国东北地区控制了大量资源，现在如果再控制中国山东，显然整个北方都会成为日本的“势力范围”。列强也知道日本的算盘，开始并不支持日本的要求，可日本依靠它强大的军事力量，威胁列强如果不答应它的要求，它将在军备控制和占领德国殖民地等方面，不与列强合作。列强商量的结果是，认为中国软弱可欺，即使将中国的权益牺牲，中国也不可能有什么反抗的办法。于是，列强在巴黎和会上决定将德国在中国山东的权利转交日本。

令列强万万没有想到的是，腐败的北洋军阀政府虽然好欺负，但中国人民不可欺。愤怒的中国人火烧赵家楼，掀起了轰轰烈烈的五四运动。在强大的压力下，在巴黎和会上的中国外交官放弃了在和约上签字，从而使列强转让中国山东权益的条约无法生效。

由于第一次世界大战后，是日本首先要求控制中国山东，妄图延续德国在山东的侵略权益，日本也就成为中国人民斗争的对象，而抵制日货就成为反日爱国运动中的重要一环。

在工业学校读书的方志敏，对日货在中国的渗透有着非常直观的认识。第一次世界大战期间，日本利用列强无暇东顾的机会，在中国大量倾销工业品，进行经济侵略。在日本廉价工业品的倾销下，中国的民族工业处于奄奄一息的境地。中国人平时所用的牙粉、雨伞等被日本控制。方志敏认识到，如果听任日本货物的倾销，中国迟早会变成日本的殖民地。

五四运动后，抵制日货的宣传，使方志敏的认识更加深刻，他自觉地参与到抵制日货的运动中来，并成为领导反日爱国斗争的骨干分子。

一天，几百学生开大会，一个青年教师跑上讲台，将日帝亡我中华的"二十一条"，一条一条地边念边讲。他的声音由低而高，非常激愤，拳头在桌子上敲得惊天动地：

"这二十一条，把一切立国的政治、军事、经济、交通、警察、土地等等主权，通通卖光了。这是个彻头彻尾的亡国条约！是一纸中国的卖身契！"

听到这位教师的讲演，方志敏再也忍不住了，他跑上讲台，振臂疾呼：打倒日本帝国主义！

在方志敏的慷慨陈词下，同学们进一步激动起来。大家一致通过抵制日货的决定。于是一散会，便一齐嚷嚷着冲回宿舍，拉抽屉、开箱并拖出日货，"乒乒乓乓"地摔了起来。

"这是日货，打了去。"一个装日本牙粉的玻璃瓶扔出去了。

"这也是日货，踩了去。"一个日本洋磁脸盆，被砸碎了。

"你们大家看看，这床席子大概不是日本货吧？"一个同学双手捧着一床东洋席子，很有点舍不得的样子。

大家走过去一看，席头上明明印有"株式会社"的字祥，便同声谴责："你的眼睛瞎了？"说罢，大家齐上手，把日本人产的凉席全撕成了条条。

为了上甲种工业学校，方志敏的家是舍了老本的，向放贷的借了高利贷。方志敏深知上学的不容易，在学校里也非常节省。在这场抵制日货的斗争中，方志敏的日本牙刷、金刚石牙粉、东洋脸盆、东洋席子，也都这样毁了。别的同学毁得起，他这个借钱读书的穷学生可是毁不起啊。再要花钱置办新的，谈何容易。但为爱国心所驱使，他不仅毫不顾惜，而且还向同学们宣言："以后生病，就是病死了，也决不买日本仁丹和清心丸。"

然而，抵制日货单单依靠学生是不行的，还必须发动商人和民众，大家都响应号召，才能使抵制日货的斗争深入下去，发挥更大的作用。

9月的南昌，正值初秋时节，素有"火炉"之称的南昌，酷热难忍。他头顶骄阳，身着长衫，手擎"查禁日货"的小旗子，带领几个同学，走街串巷，宣传讲演，号召人民反对帝国主义侵略，反对卖国的北洋军阀政府，一致行动起来抵制日货。

开始，方志敏他们只限于在市面上宣传和查禁日货，可是，有些奸商却暗中从赣江码头和车站将日货偷偷运进。爱国学生白天检查，他们就在夜晚起货；革命青年在上游检查，他们就在下游起货。以后，在学生们的爱国热忱影响下，南昌市的店员和搬运工人也投入了运动，查禁日货的斗争更加广泛深入地开展起来。

有一天，方志敏从工人群众传来的消息得知，在德胜门码头，有只木船载着一批日货，由于搬运工人拒绝卸货而无法进仓。方志敏便和几个同学漏夜赶到河边，果然，船舱里堆着三十多箱货物，外边贴着中国商标，打开包装一看，里面全是日货。方志敏向商人讲查禁日货的道理，商人不仅不理，反而以势压人，根本不把这几个学生放在眼里。商人的态度，激怒了学生，连一向较温和的方志敏也火了起来。他从口袋里掏出几枚铜板，叫一个同学去买煤油，其余同学七手八脚将货物搬到岸边。商人见状，怔了怔，忙去报官，不等他回来，同学们将煤油朝货箱上一浇，划根火柴一点，熊熊的火焰便烧起来，将码头照得通明。

还有一次，方志敏他们到洗马池查禁日货。走进“昌泰祥”杂货店里，发现有不少罐头、香烟、葡萄干、蜡烛等，全是日货。方志敏便劝老板不要卖了，并耐心地和他谈时局，讲爱国的道理。同时，方志敏也体谅商人经商不易，便对他说：做生意的人也要爱国，要经营国货。这一次，你就每样拿一点出来，我们拿去销毁，作为儆戒吧！谁知，这个老板执意不肯，双方争执起来，一位同学恼怒了便将货架上的玻璃罐子乒乒乓乓全给砸了。老板叫来警察，警察一看砸的是东洋货，不敢惹怒学生，反而责怪老板敬酒不吃吃罚酒。店老板愕然了，瞪着两眼望着这几个学生，他不明白，何以世道变的这么快，连警察也不敢干预学生的行动了。

方志敏和同学们，每天都是这样，废寝忘食地宣传爱国思想，查禁日货。在今天的青年看来，在这种以销毁洋货来表示爱国决心的做法，似乎是很幼稚的举动，但在当时，这确实是很了不起的爱国的行动。正是在这些斗争中，方志敏显示了他坚强的爱国热心和卓越的组织才能及无畏的宏伟气魄，赢得了许多爱国学生和进步青年的敬佩。正是通过参加和领导这一时期的反帝爱国学生运动，方志敏得以接触和认识当时南昌各校学生运动的活跃人物，如袁玉冰、黄道、邵式平、邹努、崔豪、汪群、冯任、肖国华等人，为他以后在南昌开展新文化运动，建立江西的党团组织奠定了基础，并熟悉和了解了一批同志和战友。

驱逐赵宝鸿

抵制日货的活动开展得如火如荼，方志敏心中的思考也越来越深入，他认为列强之所以强，关键是有雄厚的工业力量，如果中国也能像英美那样有钢铁、火车等重型工业，不就可以抵御外来侵略了吗？要想救中国，就必须把中国变成工业强国。正是带着这样朴素的工业强国之梦，方志敏从高等小学投考江西省甲等工业学校。

方志敏带着工业救国的梦想来学校读书，可不久就深深地失望了。省立甲等工业学校，号称是江西第一所工业学校，但学校的课程却与工业相隔很远，教师也大都昏庸不堪。一个教英文的老师，一堂课只教了一个英文字——water，却从鄱阳湖闲扯到扬子江、四大洋，这样的白痴老师如何能教育出合格的学生呢？方志敏出身贫寒家庭，能来甲工学校读书，家里借了加二的高利贷，这样高的代价换来的却是混日子的结果，这怎么能不让方志敏焦急彷徨呢。

更令方志敏义愤填膺的是，甲等工业学校管理混乱不堪，校董会伙同政府贪污，克扣教学经费。省立甲种工业学校校长赵宝鸿，因为在日本喝了几天东洋墨水，回国后，依靠北洋军阀在江西督军的政治背景，得以在“甲工”主持校政，成为江西教育界东洋系的学阀之一。他为了多捞些钱财填充私囊，学校里的教职员席位，成了他私人应酬拉拢的工具。只要有背景或是沾亲带故的，尽管不学无术，也可到此滥竽充数当上教员。至于一些办事人员，更是敷衍塞责，漠视学生生活。方志敏选学的机械科，饭桶教员尤其多，那些浅薄无知、平庸低能的饭桶教员，尽管教学无方，学校却年年照聘不误。这种情况，引起了同学们的普遍不满，方志敏团结了一批同学，倡议发起和酝酿组织了学生自治会，向校方争取让学生自己管理自己的权利，不能听任赵宝鸿的专横和压制。

为了让赵宝鸿听取学生的意见，方志敏联络一部分学生，来到校长办公室，向他提出关于改革学校管理、教学的几项建议。赵宝鸿不但对方志敏的正当要求置之不理，反而申斥说：“学校聘用的老师都是饱学之士，教导你们完全够格，你们是学生，应该听从教师，不能随意议论诽谤老师，这不是你们应该做的，否则学校要给予纪律处分。”

赵宝鸿的态度让方志敏非常失望，他决心继续联络学生，与昏庸无能的学校当局进行坚决斗争。这时，正赶上南昌各学校举行联欢晚会，纪念辛亥革命九周年。方志敏就提起战斗的笔，编了一讽刺戏《私塾的怪现象》，参加了联欢晚会的演出。当台上那个扮演塾师的演员，模仿“甲工”英语教员吴某的举止神态，以八股腔调教塾生读《百家姓》上的“赵钱孙李”时，摇头晃脑地解释说：

"赵"就是招摇撞骗的"招"，"钱"就是死要银钱的"钱"，"孙"就是绝子灭孙的"孙"，"李"就是这里那里的"里"……最后，连贯起来，拖长声调，面对观众，指着坐在台下的赵宝鸿及其一伙饭桶教员，加重语气，一字一顿地念道："招摇撞骗，死要银钱，绝子灭孙，都在这里！"。

方志敏的演出令大家捧腹大笑的同时，彻底惹恼了赵宝鸿。第二天，学校贴出一张布告："方志敏侮辱师长，着记大过一次，以儆效尤！"对于校方这种蛮横无理的做法和威胁恐吓的手段，方志敏根本不予理睬。相反，他的斗争更坚决了。

1920年春，阴雨连绵，"甲工"建成不到两年的新教室又塌又漏，学生无法上课。方志敏和学生自治会的几个同学一调查，原来是赵宝鸿在做校舍时偷工减料，把建筑材料和费用，在南昌市大凌云巷为自己盖了一幢豪华的公馆。丑闻传开，立即在全校引起轩然大波。加上一些其它问题，如设备短缺、讲义低劣、伙食太差等等，使学生们更加愤怒起来，纷纷要求改革校务。

赵宝鸿依仗后面有军阀撑腰，根本不把同学们的呼吁放在眼里。他声称，学校的行政事务属于学校行政部门，学生根本无权过问，并威胁学生说："学校内有人在煽动学潮，大家不能受人利用。"方志敏和同学们亲自到校长办公室辩解，赵宝鸿坚决进行弹压，方志敏前脚刚走，后脚就挂出告示：开除方志敏等四名学生的学籍。

赵宝鸿专横粗暴的作法，激起了学生的更大愤怒。顿时，整个"甲工"沸腾起来了。大家七手八脚地砸烂了"告示牌"，悬挂出另一块牌子，历数了校长的劣迹，公开宣称"开除校长"！同时，学生自治会即召集同学开会，决定：（1）立即罢课，以示抗议；（2）备文呈教育厅，要求将赵宝鸿撤职查办；（3）散发传单，揭露“甲工”黑幕；（4）游行示威，向有关部门请愿。

学生们在方志敏的带领下，亲自到省教育厅抗议，可教育厅长避而不见。学生们又到赵宝鸿家抗议，看到赵家富丽堂皇，而学校教室倒塌无人过问的对比，学生们沸腾了，他们冲进赵宝鸿的家，想揪出赵宝鸿，可赵提前听到消息，找个地方躲藏起来。学生愤怒地砸烂了赵家。

江西省甲工学生风暴引起了反动势力的恐慌，赵宝鸿连夜到江西省南昌市叩见督军陈光远，污蔑学生是暴徒，要求省政府对学生采取坚决措施。反动势力一拍即合，随即对甲等工业学校进行戒严，对学生大肆威胁利诱。

严酷的斗争形势没有吓倒方志敏，他动员核心成员，准备更大规模的抗争。

而在五四运动大潮之下，慑于强大的社会舆论，赵宝鸿这只老狐狸想出一个阴险的办法。他在学生进行罢课的第三天，突然宣布学校提前放假。这一釜底抽薪的做法给学生们的斗争带来很大困难，当时的预科生因为年纪小，一等到放假，急忙回家去了。而毕业学生害怕得不到毕业证书影响就业，也准备退出。这样，在整个甲工只有二三百学生。

看到这种情况，方志敏十分焦急。为了将斗争进行到底，方志敏决定向广大市民揭发赵宝鸿中饱私囊的丑恶行径，给教育厅更大的压力，以罢免赵宝鸿。6 月 13 日，方志敏和甲工学生走上街头，向广大市民做宣传，一时之间，甲工学潮在社会上引起了更大的反响。

6 月 15 日，方志敏召开南昌市学生自治会，会议一致通过要求赵宝鸿去职的决议，并限其 12 小时内离开，否则将进行更大的斗争。

赵宝鸿自认为有督军的支持，对方志敏的要求一概不理，还勾结军警，试图对学生进行镇压。12 小时过去了，方志敏带领学生再次走向街头，将赵宝鸿的劣迹一一告诉市民，整个南昌学界也一直表示支持。教育厅和督军眼看事情越闹越大，随即玩起了丢车保帅的把戏，要求赵宝鸿辞职。

赵宝鸿辞职了，可方志敏等四人终于被学校开除了。离校前，他对前来送行的同学说："赵宝鸿可以开除我离开甲工，但他开除不了我追求知识、追求光明的决心。今日与诸君分别，后会有期，你我各自珍重吧！"

通过这次斗争，方志敏在南昌进步学生中，名气更大，威望更高了。他不仅成为南昌公认的学生领袖之一，也成为江西先进青年的一面旗帜。

信仰的抉择

驱除赵宝鸿运动后，方志敏被“开除”了，他又回到了家乡湖塘村。

在帝国主义和封建势力的双重压榨下，二十世纪初的中国农村非常凋敝。方志敏一回到家，那些村里人自然又围拢来，和他诉怨道苦。要是在往常，天生叛逆性格的方志敏又要义愤填膺，但在经过五四风云的激荡，又加上他在闹起学潮后，与袁玉冰、黄道那样的进步同学互相讨论。在这些同学中，正在流传着《新青年》这样一些宣传马克思主义的书报。他借来一看，恰像夜雾中看到了明灯：啊，阶级，剥削，这才是真正的国弊民穷之源，消灭阶级，消灭剥削，这才是真正的救国救民之途。

方志敏开始用阶级分析的观点对中国农民的困难生活进行了理论分析，他告诉乡亲们，改变自己命运的钥匙就掌握在自己的手上，关键是要团结起来，同地主恶霸做坚决的斗争。可是，当方志敏将这些道理讲给老乡听的时候，有的老乡则感到不可信。

“正皓，会有革命那样的好事？只怕不是这个理。古往今来，有田的收租，种田的交租，这样的世道怎么会变呢？”

“是哩，是哩，财主的田不是祖传的，就是自家的。你凭什么无缘无故去收他的田，不给他交租子？”

“要革命，可咱手里又没有枪，怎么能斗得过别人。好死不如赖活，古今都是这个理。”

对农民兄弟的这些问题，刚刚接触到革命理论的方志敏，也没有办法讲得很透彻，这时的他对革命的道理还处在感性的认识上。但即使这样，方志敏也感到好像是迷茫中遇到了指引方向的灯塔，使他产生了进一步探讨革命道理的强烈愿望。要探讨革命道理，最便捷的就是阅读革命的书籍，方志敏把当时能够找到的《新青年》等进步书刊都仔细阅读了好几遍。但当时的文化条件太有限了，马克思恩格斯和列宁的著作大都是英文的，这就让方志敏产生了要学好英文的想法。他打听到九江有个以英文教学闻名的南伟烈大学，费用又比较低，而且名为大学，实则只有小学、中学两部，自己也可能考进去。要是能进这个南伟烈，该有多好啊！他将自己的想法告诉了意气相投的堂弟方志纯。方志纯很赞成，还说学费嘛，由他想办法。志纯弟是大伯的儿子，能有什么办法呢？分家后的日子，除了五叔，都是彼此彼此的哟！可隔了几天，志纯弟果真拿了够一年的学费钱来给他。原来，志纯弟是瞒着大伯，偷出五亩田契卖掉啦！

就这样，他于1921年秋到九江进入南伟烈大学。

南伟烈大学是美国教会办的，名为向中国推广新式教育，实际上是配合西方传教，妄图在精神上麻醉中国人民的机构。鸦片战争后，西方传教士加紧了对中国的渗透，但遭到中国人民的坚决抵制，为了进一步麻痹中国人民，有很多教会打着教育、卫生等幌子，试图通过主办所谓的公益事业，吸引中国人入教。

方志敏对此有清醒的认识，他在回议录中写到：基督教是帝国主义对中国实行文化侵略的一种最厉害的东西。它的任务，第一，是教人相信上帝，相信来生，相信逆来顺受的不抵抗主义。“有人打你的左脸，你的右脸也给他打；有人脱你的外衣，你的内衣也给他脱。”对于中国，那就是说，帝国主义侵略中国，一切都忍受着好了；日本占去了中国的东北四省，那算什么，你把全中国通通送给他好了。它是以精神的鸦片，来麻醉中国人的头脑，消磨我们的民族意识和意志，造成大批的依附信仰洋大人的顺民。第二，所谓上帝的传道者——神父教士们，实际上完全是帝国主义派来深入中国各地的侦探。他们居住在中国的城市和乡村，一切地理、经济、人情风俗，哪一件不被他们侦察得清清楚楚去向他们的政府做报告？

教会在中国办学，传播知识是次要的，最重要的就是培养中国人对上帝的信仰，好为侵略铺路。因此在南伟烈大学，一切的校规和教学安排，都是依照最能使学生尽快接受基督信仰来进行的。

学生每天早晨一个小礼拜；星期四下午，又是一个礼拜；星期日的整个上午，都做礼拜！学校规定甚严，别的课可请假不上，礼拜，除非你生了大病，那就不能不到，不管你是不是教徒。这真是只准他传教自由，不准你有不信教的自由了。已经接触到马克思主义思想的方志敏，对南伟烈大学的教育是非常不满的，但在当时，他还不能从理论上阐述清楚教会的伪善和基督教的反动本质。

因此，方志敏采用了消极对抗的方式，应付各种“杂音”。方志敏每次去做礼拜，总私自借下一本自己爱读的书去，不管牧师说教也好，祷告也好，一概不理。虽然这样，方志敏对基督教义不理睬的态度还是引起学校方面的注意。

一天，校长张孪伯找到他：

“听说你不信教，也不尊敬洋人?”张孪伯问。

“我对洋人不是一概不敬，对有学问有道德的洋人，我是尊敬的。”

校长又问：“听说你做礼拜的时候偷偷看书，而且还不信教，有没有这事。”

方志敏昂头回答：“我想洋人有传教的自由，我也有不信教的自由，这两边的自由不能互相干涉吧?”

校长明显不悦地说：“道理是这样的，但你来南伟烈大学读书，教会是出了力的，你来学校就应听从学校的安排，否则是不合适的。”对方志敏这样出名的学生，校长是非常想感化他的，他又问：“听说你信仰社会主义！”

方志敏回答：“有其事。社会主义是一种先进的社会制度，我当然是相信的。”

“如此说来，你信仰社会主义?”

“社会主义毫无人道，你知道么?”

当时的方志敏对这位校长还是非常尊敬的，可他仍然反驳道：“社会主义要消灭阶级，消灭剥削，从根本上铲除人间之不平，这是最人道的主义，怎么能不人道呢?”

校长口塞，转而厉声地说：“我治学，不治主义，希望你能够专心学业，这样才能不愧对送你来上学的父母乡亲。”

校长的讯问好象非常温和，但在实际上学校当局已早有准备，他们暗中扣留订阅的“社会主义”杂志便是明证。更有密探向学校报告；“方志敏不仅在校内继续拢起一批激进分子，而且还跑到校外去，与第六师范、第二中学的激进分子取得联系。”

学校得知这一情况后，校长再次出面，对方志敏进行再次训导。对这样的训导，方志敏仍然是我行我素，不予理睬。

恰好这时，五四运动进一步向纵深发展，南昌地方当局对方志敏这样的著名学生，下了一道命令，要求学校予以开除。对于方志敏这样不信教的学生，校长是十分愤怒的，但校长要开除方志敏，确实又有点舍不得，他的英文、数学、物理等各科成绩特好，其作文，尤为教员赞叹为“笔如流水游龙，活跃异致，布局整肃，几如天衣无缝”。将这样的学生开除了，一是可惜，二是也怕引起学生不平，爆发学潮。

张校长想了很久，决定内部解决，他又一次找到方志敏，做最后通牒式的谈话，提出两条路，一是方志敏放弃学生运动，遵守学校纪律，信仰基督；二是自动退学。

哪知方志敏这时却自动提出退学。为什么呢？倒不是由于“识时务”，而是一年已终，方志敏没有钱继续他的学业了。在向学校辞行后，方志敏便转道来到了上海。

方志敏要退学的消息果然在学校引起了反响，没想到的是，校内有一个洋人却要挽留方志敏。这位洋人可不是随便说说，他知道对方志敏这样有影响的学生，如果能够感化他改变自己的信仰，很可能带动一大批人。于是，他写了一封信，让人带到上海，提出只要方志敏服从学校的纪律约束，则学费等都可以由学校解决。

只见信上写到："以美国先生之意，特谓方兄即赶回校。美国先生和学校很赏识方兄的天资和学识，愿改变除名之决定，并破格给予免缴一切学膳费用以示奖励，但附有一个条件，即方兄需放弃信仰，不再在同学中谈'社会主义'，虔诚信教。"

在旅途十分困顿的时候，得到此信，他有何感想？"免缴一切学膳费用"，就是说上学不要钱，连吃饭也不要钱，天底下怕是没有比这更便宜的事啦，可方志敏只笑了一笑，便握笔回书：

"读书不成，只因家贫，但因家贫而无受教育机会的人，在中国何止千百万？无论如何，我是不会相信基督教的。现在，我也不愿再读那些无意义的书，我要从事实际的革命工作了。"

流浪上海滩

方志敏离开南伟烈大学，只身一人来到上海。上海这个当时远东最大的城市，是冒险家的乐园，洋人的天堂。说实在的，方志敏也确实够胆大的，他从来没有来过上海，口袋里的钱除了购买船票外，已经所剩无几，来上海连吃饭都成问题。

方志敏是怀抱着强烈的希望来上海的，他觉得自己在江西甲等工业学校读过书，知道一些技术知识，而上海是全国第一大工业城市，利用自己的专长找一个工作糊口应该没有问题。另外，这次方志敏来上海，也不完全是盲目的，他的腰包里揣着一封信，谈到这封信，就要谈到南伟烈大学校长张季伯。

作为一个虔诚的基督徒，对方志敏拒绝相信基督教，张校长十分愤怒，但他毕竟是一个正直的人，他知道方志敏除了在信仰上不符合要求外，其他都绝对是标准的好学生。方志敏勤奋好学，在南伟烈大学没有几天，他的英语水平就已经可以对答如流，特别是他的一手好文章，更是让很多老师打心眼里佩服。因此，在北洋军阀施加压力，要求南伟烈大学处理他的时候，张校长是千方百计地予以拖延，只到无法再顶住上方压力的情况下，他也愿意给方志敏一个机会。

在方志敏离开学校的时候，张校长特地为方志敏写了一封推荐信，让方志敏去上海找他的一个牧师朋友，好给方志敏介绍一个工作。

方志敏来到上海之后，身上的钱基本花完了，万般无奈之下，他去江西会馆呆了几天，在打听清楚牧师居住地方后，方志敏带着希望，前往美以美会办的医院花园里。牧师居住的小楼笼罩在一片浓阴之中，周边的鲜花盛开，一看就是一个高档的住所。

方志敏按了一下门铃，仆人随即给他开门，却没有让他进入的意思。方志敏拿出手中的信件，告诉仆人："我是从南昌来的，这是南伟烈大学的张亭伯张校长的信，麻烦你去传达一下。"

仆人让方志敏在门外等着。不一会，牧师出来了，他看到方志敏的样子非常诧异。因为方志敏穿的很破旧，好像是外乡来上海讨生活的流民，这跟张校长信中所说的才子有很大的区别，尽管如此，他还是让方志敏进了屋。

"你来上海有什么打算？"牧师问。

方志敏感到奇怪，因为张校长的信件中已经告诉牧师，请他帮助自己找一份工作，不过他还是非常郑重地讲了自己来上海找工作的计划。

"这个会很难的，上海这几年工业不景气，很多人失业，对此我真是爱莫能助。”

方志敏还想说点什么，但这个牧师说完话后，头就一直朝着窗外，不再说话。这是方志敏来上海唯一的机会，所以他还不想放弃，他又说：“我没有什么高的要求，只是想得到一个工作糊口而已，对工作我是不会挑剔的。”

“你为什么不在学校读书，我知道那个学校是很好的，如果你成绩好还可以到美国去留学，是美国，那里有很多机会。”牧师问道。

方志敏不知道说什么好，他看牧师的样子，也就懒得在将自己的信仰和在学校的斗争经历说出去了。他问到：“能不能介绍一个工厂，可以先进去工作一段时间。”

“很难，很难，这个不是我不想帮忙，而是现在的工作机会确实很少。”说完，牧师站起身来，做了一个送客的姿势。

方志敏如坐针毡，感到自己的自尊心受到很大的打击。

从牧师家里出来后，方志敏没有直接回江西会馆，而在黄浦江边走了很长一段时间。他在思考自己的前途，如果回江西，连路费都筹不到，而留在上海自己却没一个朋友和亲戚在这边，口袋里的钱又用光了。看到熙熙攘攘的人群，他突然在内心深处问了问自己：“上海这么多人的地方，难道我就不能在这个地方生存下去吗?”方志敏是个困难压不垮的人，这样艰苦的环境反而激发了他的斗志。

他突然想到了《先驱报》社来，这个报纸是方志敏在南昌经常阅读的进步报刊，为什么不去找这个报社碰碰运气呢。这份报纸号称要为老百姓说话，要为青年说话，我去他们那里，也许不会有今天这样的白眼吧?

第二天，方志敏就打听到了《先驱报》的地址。到报社的时候，因为这是方志敏非常景仰的地方，所以心情非常激动，结果在上楼的时候撞倒了一个人。

“对不起。”这个人不但没有恼怒，反而先向方志敏道歉。

“你是江西人?”这个人的话音听起来一口标准的江西方言。

“你也是江西人?”真是老乡遇老乡，两眼泪汪汪。原来这个人叫赵醒侬，是我党的先驱之一。他在明里帮助《先驱报》卖报纸，实际上是以此掩护，从事革命活动。

赵醒侬家境贫寒，中学没有毕业便被迫失学。为了生计，他远离家乡，到汉口、长沙等地去给人当学徒，指望学一门手艺，也能养家糊口。后来，抱着一线希望来到上海。上海的十里洋场、灯红酒绿更是“有钱人的天地”。赵醒侬想求学，然而他身无分文，连每日糊口都难，更付不起昂贵的学费，只能白天到街头去卖报，晚上到戏院去跑龙套。夜深了无处住宿，就蜷缩在小菜场或屋檐下。

共同的遭遇使两个年轻人的心贴在一起，此后，方志敏经常去报社，双方很快成为无话不谈的好朋友。在赵醒侬的介绍下，方志敏认识了向警予等革命领袖，他的见识进一步提高，对党的理论越发感兴趣了。一天，方志敏对赵醒侬说：“我来上海后，看了不少书，可是在这些书中，我觉得无产阶级的革命理论是最适合中国的。”

“那我介绍你参加 CY 如何？不过那是要冒着杀头危险的啊!”赵醒侬问。

“我早已经抱定为共产主义的事业奋斗，即使掉脑袋，我也绝对不后悔!”方志敏毫不犹豫地回答。就这样，在赵醒侬的介绍下，方志敏加入了中国共产主义青年团。

他们后来在法租界的贝蒂鏖路矩鹿里合租了一间狭小的亭子间当“寓所”，有了一个落脚之处。赵继续他的贩报生涯，而方志敏留在当时的《民国日报》当校对。

工作闲的时候，他和方志敏总是相互交换对形势的看法。上海是当时中国最发达的地方，同时也是受殖民统治最深的地方。洋人的横行无忌，欺压中国人的现象使两位年轻人痛恨不已。

赵醒侬说：“在上海，欺负中国人的事可谓见怪不怪。”“就是中国人，只要是吃上了洋人这口饭，马上味道就变了，也是恨不能要把眼珠子染蓝了才好。”

方志敏感慨万分，说道：“正是因为有这些不争气的中国人存在，大家不齐心，所以才让洋人欺负。”每讲到此，大家就都沉默不语，陷入了深深的思考之中。

当时方志敏还不知道赵醒侬实际上是共产党员。为了解答方志敏的问题，将他从悲观失望中解放出来，在赵醒侬的安排下，方志敏到上海大学读书去了。

上海大学是当时中国共产党创办的一所进步大学，主要以短期培训性质为主，来上海大学讲学的大都是以后著名的共产党人。

在上海大学，方志敏如饥似渴地学习，了解到更多的共产主义的知识，上海大学的经历，逐渐使他认识到只有社会主义才能救中国，只有共产党人才是真正为中国着想。由于党的组织纪律，这时的赵醒侬还没有暴露自己的真实身份，但他给方志敏留下了难以磨灭的印象。充满朝气，充满干劲的赵醒侬像兄长一样关心着自己、引导着自己。

在上海的经历对方志敏的一生产生了非常重要的影响。正是在上海，他对帝国主义在中国的侵略势力有了更直观的认识。正是在上海，他经历人生中最困难的时期，也磨炼了自己。正是在上海，他接触到共产党人，加入了中国共产主义青年团，开始了自己的革命征程。

唱戏的书店

1922年8月，党组织要求方志敏回到南昌开展革命运动。

短短两个来月时间，他便创办起一个“文化书社”，进展可谓神速。

方志敏为什么要办文化书社呢？这是方志敏想了很长时间才想出的办法。他刚到南昌的时候，南昌还没有党的组织，如何开展革命活动，在南昌建立先进的革命组织，这是方志敏仔细考虑的问题。到南昌后，他首先找到以前在南昌的邵式平、黄道等人商量：

“方兄受命而来，何不谈谈如何开展革命的计划？”

方志敏笑道：“今天请大家来就是订计划的，所以要听听大家的意见。”

听了方志敏的话，大家七嘴八舌地议论起来。

方志敏说："我认为要开展革命运动必须唤起民众。只有开民智，使民众成为自觉的阶级，革命才有希望。"

"可是民众大多不识字，开民智的口号已经喊了很多年了，也没有结果，如果从开民智来搞革命，这就难了。"

"不难，怎叫革命?"

"依我看，要唤起民众，先要唤起学生。我们都是学生，因为学了点马克思主义，不是唤起了么？唤起更多的学生，再通过他们向民众宣传马克思主义，民众不是也可以唤起了么?"

"这想法好。"大家都表赞同。

"只是哪有许多书呢?"方志敏说。

"唉，要是我们自己有力量办家书店就好。"

方志敏听了，就觉得眼前一亮，是啊，我们为什么不能自己办个书店，一方面能够以书店打掩护，另一方面书店赚的钱还可以作为革命经费，这真是一个好办法。

说干就干，大家把这个书社定名为"南昌文化书社"，方志敏担任经理，负责筹办工作。为了扩大影响，决定发表一个宣言，不久，《南昌文化书社宣言》发表了。

"荒凉的江西，没有文化种子的江西，居然也有'文化之芽'了。但是发生于这个'不毛之地'的'文化之芽"，虽不至枯萎去，也怕不能蓬蓬勃勃滋生起来。那么，就应用人工上的灌溉法……我们这个文化书社，就是要实行这个使命。杜威说：'人类文明的进步，完全靠着知识思想底自由交通。'我们希望这个书社能够做那知识思想交通的一个工具。

"我们希望将来的江西青年思想界，开出几朵笑眯眯的'文化之花’来。”

这个《宣言》在南昌街头贴出后，在知识界，尤其在学生中引起了较大的反响，方志敏回来了的消息，一下子在南昌传开，很多进步学生纷纷找到方志敏，自愿请求帮忙，要求书社尽快开办。

在南昌文化书社里,绝对没有当时流行的鸳鸯蝴蝶派的小说,大都是新出版的文学、艺术、社会科学、哲学、历史方面的书刊,其中有不少进步书刊,如马克思、恩格斯的《共产党宣言》、《经济学大纲》,列宁的《二月革命》、《远方来信》,以及《共产主义 ABC》和《先驱》、《向导》等,这部分书刊都存放在书社的后厅,不公开出售。

这个后厅，实际是一个学习室，它吸引了许多进步青年，大家有时还在此展开讨论，十分热闹。方志敏则是整天忙得不可开交。

书社开张后不久，赵醒侬受党的委派，也从上海赶到南昌来了。同时，“江西改造社”的原主持人袁玉冰，也受党的委派，从北京赶回南昌。他们见到方志敏在短时间内为革命准备好这样一块活动基地，十分高兴。有了这块基地，宣传革命，发展组织，开展各种活动，就方便多了。

但是，反动军阀的嗅觉也是非常灵敏的，南昌文化书社的创办，以及它在南昌进步力量中间的影响，使他们感觉到这个书社后面一定有文章。

有几个反动警察冒充一般的读者来购买书籍，看到并没有他们希望看到的黄色下流小报和宣扬迷信的书籍，马上断定这个书社不简单，说不定是宣传赤化的地方。

连续几天，几个人偷偷摸摸地在书店旁边转来转去，翻翻这，看看那，却决然不提买书的事情，对来书店购买书籍的人打探，盯梢，这不能不引起方志敏和其他同志的注意。

一天，一群警察蜂拥而至，大声叫道："你们书店经理那里去了?"幸亏方志敏当时不在书店。警察们吼道："你们的马克思经理到处搞什么研究会，宣传赤化，图谋不轨。奉督座手谕，立即查封书社，着将马克思逮捕法办，窝藏者同坐。"

愚蠢的警察，以为这个书店的经理叫马克思，这虽然让方志敏感到又可气，又可笑。但显然这个书店已经暴露，无法创办下去了。方志敏离开了南昌。

1924年，方志敏受党的委派，再次来到南昌，为即将开始的北伐战争做准备。由于有上次办文化书社的经验，方志敏仍然决定以办书店为幌子，来掩护革命活动。

于是，中共中央直属江西支部决定筹办"明星书店"和"黎明中学"。书店比较好办，因有"文化书社"的经验，所以很快即开始营业。这一回，再由方志敏主持是不便的，就由曾天宇出面。曾的哥哥曾强吾，是江西军阀御用的省议会议员。有这层关系，他不仅当得"马经理"，而且当得"黎明中学"的教务主任。

虽然如此，这层"保护色"还是骗不住特务们的眼睛。书店开张几个月，出入的是些什么人，买走的是些什么书，都被他们看在眼里。这天夜晚，他们又发现了异常情况，就动手了。

"快开门，我要买书。"

"明天再来买吧!"

"今天非买不可。"

特务们一揣门，闯了进去，直奔楼梯。可楼上却传来了一阵京剧唱腔。

“杨延辉”

“坐宫院”

“细思量……”

便衣们不禁呆了一下。但马上又一脚跨两阶，飞窜上二楼。一看，锣鼓齐备，二胡京胡俱全，一人在清唱着做动作，一人在旁指指点点地做示范。

“你们这是在干什么?”便衣们瞪着眼珠子朝四周看了一圈。

四周那一个个拿鼓、拿琴、拿锣的，也都瞪眼看着便衣。

这时，只见一人，西装笔挺，皮鞋“咯咯”地迎上来说：

“敝校——黎明中学在建校中，承蒙省议会议员诸公慷慨捐助经费，全校师生莫不感激，准备一次游艺晚会招待龙议长和各位议员先生，以酬雅意。今晚方开始排练，诸位是……”

“我们是城防司令部的，你是这儿的什么人?”

又见一个身着长袍、方脸浓眉的青年迎上一步说：

“他是本店经理，黎明小学的教务主任，省议员曾强吾先生的胞弟曾天宇先生。”

特务们一听，顿时觉得这书店来头不小，急忙说道：

“听人举报，你们这有人宣传赤化，危害社会，特来查办，看起来是一场误会、误会。”

两位先生一听，哈哈大笑说：“你看这是在宣传赤化吗?”

特务没有真凭实据，只好尴尬地走了。特务们刚走，众人立刻把各种乐器放起来，继续研究在江西的革命工作。

明星书店就是用这种方式，在白色恐怖的南昌，成为革命的大本营。

勇斗"北乡王"

在弋阳县提起张念诚，可以说人人皆知。张家世代地主，在漆工镇有大片土地，加上张念诚常常以乡绅自居，经常出面组织赈济、修路，兴学等，尽管张念诚每以大兴善事为名，行中饱私囊之实，逼得穷人家破人亡，但也在弋阳县赢得了一定声望。张念诚依靠他庞大的家产和"地方名望"与官府勾结，漆工镇的警察署就是张家的家丁爪牙，稍微有人不服气，张即派人将其捆起来，送往县城大牢。整个漆工镇对张念诚可以说是又恨又怕，人皆称其为"北乡王"，张念诚也洋洋自得，以"北乡王"自居。

正如前面提到的，这"北乡王"与方志敏还有一番渊源。自严常新将方志敏带到张念诚家搭学以来，平心而论，张念诚对方志敏是比较看重，他甚至将自己的女儿许配给少年方志敏，但方家感到高攀不起，才以孩子小不能成亲为理由，拒绝了这门亲事。张念诚还不甘心，决意要收方志敏为义子，让方志敏喊自己为“朝爷佬”。

不过，方志敏13岁那年，祖父长庚老人去世，方志敏被迫回家务农，几年过后，张念诚看方志敏并无什么起色，其当初的约定随即烟消云散。方志敏进入高等小学后，因在有无鬼神的论战中，旗帜鲜明，并率领众同学去“捉鬼”，这让方志敏在小小的弋阳名声远扬。这使得张念诚重新注意了方志敏，多次发出“既识英才，何又拒之”的感叹。

在当时，年轻的方志敏对张念诚的本质尚没有认识清楚，而张念诚对自己这个农村娃格外的器重，也使方志敏心存感激之心，尽管张念诚中间冷淡过自己，但一向待人赤诚的方志敏却始终没有忘记张念诚。在高等小学期间，接受很多新知识的方志敏曾经给张念诚去信，劝说张念诚能改变思想，跟上新形势，张念诚对方志敏的劝说毫不理会，反而将方志敏的信保留下来，想作为以后控告方志敏的证据。

这样，在弋阳县就形成了以张念诚为头的保守、反动势力，以及以方志敏为核心的进步势力，两派之间的争论不断，最终因为张念诚竞选国会议员的事情使双方矛盾激化起来。

北洋军阀政府时期，民国虽然建立起来了，却只剩下一个空名。军阀们完全靠枪杆子控制政权，但为了粉饰太平，却也保留了国会这个名义上的机构。国会虽然有名无实，但国会议员还是有相当的社会地位，很多地方名士，争相竞选国会议员。这种竞选跟民主社会的投票不一样，几乎完全依靠军阀的支持和金钱收买。特别是在北洋军阀政府后期，安福会当政，政治十分混乱，国会议员的贿选十分常见，这些国会议员也被称之为猪崽议员。

这种选举把戏逐渐从中央传到地方上来，弋阳县也开始上演这样的好戏了。“北乡王”认为自己有钱有势，如果参加选举一定能够成为国会议员，他似乎胸有成竹，在一次聚会上公然说：“我的诗书算没有枉读，这下可以到北京看看冠盖京华……”一时之间，成为弋阳的一个笑话。张念诚虽然对当选很有把握，可他还是有一个人放心不下，这就是方志敏。

当时方志敏在弋阳高等小学组织青年社，宣传革命道理，应者云集，在弋阳有很多支持者，一旦方志敏反对张念诚竞选，张念诚就很难当选。

为了确保当选，张念诚耍起了把戏。当时的漆工镇加上邻近的几个乡只有两三万人，有资格投票的选民只有一万多人，这距离张念诚的当选有相当的距离。张念诚采取多报参选人数的办法，让漆工镇的合格选民增加到3万人。张念诚不但想竞选国会议员，还想借此组织地主武装，搞地方自治，专门镇压农民革命运动。

张念诚以欺骗方式参选的消息被方志敏知道后，他从南昌回到湖塘村，破例没有去见张念诚。张念诚听说方志敏回乡之后居然没有拜见他，顿时大怒，来到方志敏家斥责：“你以为自己有什么了不起，你想阻止我参选，那你等着看吧。”

看着张念诚决不悔改，一条路走到黑的态度，方志敏陷入了沉思，他认识到要使那些恶人主动放弃罪恶的念头，是不切实际的幻想，要扭转现在的形势，只有与他们进行坚决的斗争。

方志敏和九区青年社的同学们一道，收集了张念诚为害乡里的罪行，列举了十大罪状，张贴于漆工镇交通要道，一时之间，方志敏与张念诚的矛盾迅速激化，弋阳县充满了紧张的味道。张念诚当然是不甘失败，他到处扬言说：“方志敏敢跟我作对，我让他家鸡飞狗跳，不得安宁。”于是联合漆工镇的恶霸地主，加上漆工镇警察署五十多人，召开秘密会议，要置方志敏于死地。一个恶霸建议设置鸿门宴，让方志敏过来，趁机将他抓起来，张念诚迅速布置。

几天后，张念诚亲自来到方志敏家，告诉方志敏的父亲说：“你儿子不是要竞选吗？我今天找他来，就是让他到漆工镇开会商量选举经费的事情，如果他不来，就说明他选举是假，闹事是真。”

方志敏的父亲是老实巴交的农民，看到盛气凌人的“北乡王”，低声说：“方志敏不懂事，一切要靠您做主，您要多担待他。”

张念诚轻蔑地讽刺说：“你儿子翅膀硬了，哪里还把我放在眼里，我们现在是道不同不相为谋。”说罢气呼呼地走了。

九区青年社的革命同志担心方志敏的安全，大家纷纷表示这是鸿门宴，如果去参加会议必然是凶多吉少。但方志敏同志有他的考虑，他认为张念诚在弋阳县名声很大，在恶霸地主中声望很高，如果能斗倒张念诚，让其威风扫地，就能迅速打开革命局面，使反动势力不敢放肆镇压革命。一想到这，方志敏那明知山有虎，偏向虎山行的革命豪气顿时显现出来，他一拍桌子，大声说：“这个鸿门宴我是去定了！”

为了保证方志敏的安全，九区青年社把社员组织起来，埋伏在漆工镇大门外，如果在约定时间内，方志敏还不出来，就冲进漆工镇，将方志敏解救出来。

方志敏来到会场，张念诚压着心口的怒气说：“今天让你来不是别事，你得将选票给我交出来，不要再干扰选举，否则就对你不客气。”

方志敏从容地说：“选举，是人民的权利，到了一定年龄，谁都有选举权。你有选举权，我们青年人也有选举权，全乡全县的人都有选举权，这选举权不是你一个人就能包办的，你凭什么操纵全县的选举！”方志敏接着说：“况且，选举是人民的权利，他们是一人一票，都掌握在自己的手里，我哪里有什么选票可以给你。”

一句话击中张念诚的要害，气得他手端茶杯，抖个不停。

方志敏继续说：“这次选举，上面给了选举经费，你把这些选举经费控制起来，名义上是推进地方自治，实际上你买枪都是为了壮大自己的势力，何曾为家乡考虑。我们革命青年要用这笔钱兴办平民学校，让穷苦人都能上学，这是为地方谋利益的正事，而你明着是选举为公，实际上是钻营自己的私利，我们青年社就是不同意。”

听了方志敏滔滔不绝的发言，恶霸们面面相觑，而张念诚理屈词穷，只能气急败坏地吼道：“我就是要买枪，就是要发展地方武装，你拿我怎么样！”

方志敏坚定地说：“我们青年社就是不同意。”

在方志敏的坚决斗争下，张念诚想当国会议员的梦破灭了，他利用选举经费办地方武装的阴谋就此破产。张念诚不甘心失败，一心要置方志敏于死地。他将方志敏劝他接受新思想，转向革命的信拿出来，还怕证据不足，还想将方志敏写的控告他十大罪状的“寸铁旬刊”收集起来，无奈这些旬刊都是粘在墙上、门板上，揭不下来。张念诚报仇心切，居然让人拆掉门板，抬进县政府，要求县长治方志敏宣传赤化的罪。

看着张念诚丑恶的表演，方志敏又气又笑。九区青年社的同志纷纷给县长去信，警告他如果要让方志敏坐一天的牢，就要让他坐十天的牢房。在革命形势如火如荼的形势下，县长也不敢对方志敏下毒手。而张念诚自以为可以将方志敏置于死地，却不见什么动静。终于，他忍耐不住，决定亲自动手去抓方志敏。

一天晚上，张念诚带着漆工镇警察署的狗腿子，偷偷包围了方家，抓住方志敏的母亲，恶狠狠地问道："你儿子哪里去了？"

方志敏的母亲机警地回答："他到南昌了。"

"那这里怎么会有他的衣服？"张念诚拿着方志敏的衣服问。

"那是我女婿的衣服。"

张念诚看到没有什么结果，只好恨恨而去。这个威震弋阳的"北乡王"自此威风扫地，弋阳反动势力气焰暂时被打下去了。

反击国民党右派

1926年的广州，笼罩在革命的气氛之中，这一年北伐军将从广州出发，开始消灭北洋军阀的伟大斗争。江西省是北伐军进行的必经之地，盘踞江西省的军阀孙传芳十分仇视革命，他也知道江西省位置十分重要，因此在江西省部署重兵，企图以江西为战场，阻挠北伐军的进攻。

4月，广东省召开了第二届全省农运大会。在会场，一个浓眉大眼的汉子引起了人们的注意，他就是方志敏，他是特意从江西南昌赶来参加会议的。“五一”国际劳动节那天，代表大会正式开幕，大会开了15天，内容丰富，收获良多。特别是彭湃同志作的关于海陆丰农民运动的斗争情况的报告，热情洋溢，给与会代表留下了极为深刻的印象，方志敏衷心钦敬。他决心将这些经验带回江西，结合本省实际加以运用。

就在方志敏同志从广东回到江西发动农民运动的时候，一个噩耗传来，方志敏同志的入党介绍人赵醒侬同志被反动军阀杀害。听到这个消息，方志敏十分悲痛，他决心化悲痛为力量，将赵醒侬同志的事业进行下去。

10 月，在北伐军的进攻下，盘踞江西的军阀势力土崩瓦解，革命形势出现一派欣欣向荣的景象，方志敏克服巨大的悲痛投入到北伐战争之中。

然而，就在北伐军不断取得胜利之时，革命队伍中隐藏的反动势力，逐渐露出狰狞的面目，开始向革命势力举起了屠刀。这伙反动势力集中在蒋介石那里，以十分仇恨的心态注视革命形势的发展。江西省因为其重要的战略位置，成为反动势力与革命势力斗争激烈的地区之一。

1927 年 2 月 20 日，江西省第一届农民代表大会在南昌召开了。方志敏任大会主席。

这次会议的目的是，检阅农民的力量，巩固和扩大农民的组织，总结交流经验，制定今后的工作方针和步骤，正式成立江西省农民协会。

出席这次会议的有 141 名代表，代表着全省 54 县的 30 多万农协会员。会上，方志敏做了重要报告，会议开得十分成功。但是，与会议的热烈气氛不相称的是，国民党右派计划通过会议得到江西省农民运动的领导权利，因此在省农协委员和执委的选举上，要起了花招。

早在 1927 年 1 月，国民党右派就计划夺取国民党在江西的领导权。在江西，蒋介石借北伐军总司令的职权，盗用国民党中央的名义，先后任命反共分子段锡朋、西山会议派分子李烈钧，分别担任同民党江西省党务整理指导委员和江西省政府主席．控制江西党政人权；他还指使段锡朋等暗中组织“AB团”，从事反共活动。

针对国民党右派对江西的控制，方志敏做了针锋相对的斗争，但在当时陈独秀右倾投降主义政策面前，方志敏的正确态度不但不能得到支持，反而受到限制和打击。他多次向区委提出，应抓住在农民运动的领导权，可区委负责人却说：中央精神是要以让步求团结，不要提过高的口号，以免妨碍联合战线的巩固。

陈独秀的右倾机会主义，助长了国民党AB团的气焰。就在这全省农民代表大会召开之际，段锡朋却打起了圈定牌。他说，本届农协委员的选举应以圈定的方法产生，应该由国民党江西省党部选择干练人才圈定产生，此次大会不再需要选举了。

段锡朋知道如果通过公平选举的办法，那么国民党右派将不可能控制农协，而所谓的圈定，自然就可以将国民党右派分子安排进农协，从而控制江西省的农民运动。对这样的伎俩，方志敏十分气愤，他大声地告诉农民代表：什么圈定，完全是官定。

但是，党内右倾分子控制的区委，是不肯支持方志敏的正确建议的。怎么办？方志敏决定向毛泽东同志请求帮助。于是，他向当时任中共中央农委的毛泽东写了一封信，毛泽东很快回信指出：

“须坚决反对，宁可使农协大会开不成功，也不可屈服于‘圈定’的办法。”

中央农委的复信，坚定了与会代表的斗争信心。

听到江西省农民代表大会仍然要以民主的方式产生代表，段锡朋不禁又急又怕，他气势汹汹地质问农民代表：“是谁让你们选举的？你们这些人知道什么是选举？”

“选举是人民的权利，江西省农民代表都反对官定农协委员。”

“你们这样做还把江西省党部放在眼里吗。国民党是农民运动的领导，省党部的话你们必须听从。”段锡朋十分恼怒。

“什么省党部？如今反对专制独裁，提倡民主共和，怎么，省党部连这点常识都不懂？”

“不是主张唤起民众了么？民众自己组织起来管理自己，管你省党部什么屁事！”

看到农民代表的坚定决心，段锡朋又想起曹琨贿选的把戏，他指派几个人到代表大会做工作，企图以一张选票5块大洋来获得选票，把自己的人推上前台。

方志敏及时向代表们揭露了敌人的阴谋，农民代表不但没有任何退缩，反而更加团结起来。

经过这样一番较量，段锡朋等的鬼蜮伎俩再也无法施展。大会选举结果：方志敏等13名共产党人和国民党左派被选为执委。方志敏以省农协执委秘书长的身份，主持全面工作。

大义灭亲

1925年的夏天，方志敏从南昌回到故乡发动农民运动。

方志敏一回到家乡，就有很多农民来找他诉苦。由于去年的干旱，农业收成很少，到了1925年夏季，正是青黄不接的日子，很多农民家庭都揭不开锅，饿死人的情况时有发生，与农民的困难生活相对的是，地主老财依靠对农民的盘剥，过着腐朽的生活。

贫富的巨大悬殊，使农民心中的怒火，就像烧开的油，遇到一个火星就可能形成燎原之势。

"你说这年头，让我们农民还怎么活啊！"一个农民哭诉道。

"听说南昌那些大城市可以打工，正皓能不能帮忙找点活计？"方志敏听了摇摇头说："城市的工人阶级生活也不好受，失业的很多，哪里还有活计存在！"

"那咱们农民只能等死吗？"

方志敏坚定地说："只要我们心齐，还是有办法的，现在关键是要减利、减租。"

对于农民来说，几千年的压迫使他们忘记了自己的权利，很多农民摇头说："租人家的地，怎么可以不交租子！"

"你今年不交租子，明年就把你的地收回去，这就连稀饭也喝不上了。"

"地主老财哪个不心狠手辣的，还有他的狗腿子，你不交租子，他就上官府告状怎么办？"

听着农民兄弟的疑问，方志敏坚定地说：

"人心齐，泰山移。只要我们团结在一起就会有力量，现在关键是组织农民协会！"

农民协会？很多种田的泥腿子哪里听到过这个新名词。方志敏仔细地给农民兄弟讲团结起来的道理，指出只能组织一个真正代表农民利益的组织，跟地主老财斗，跟政府斗，地主老财和官府才害怕农民。

"只要我们敢于斗争，全省的农协都会支持我们。"方志敏这一说，全场顿时活跃起来。

在方志敏的鼓动下，农民协会逐渐建立起来。这农民协会可不简单，他专门跟地主老财做斗争，很多地主恶霸只要一提到农民协会就十分害怕，乖乖地执行减租的政策，农民的负担也就减轻了。不久，农民协会在弋阳县广泛建立，农民运动也发展起来。

同其他地方如火如荼的农民运动相比，方志敏的家乡湖塘村却沉寂很多。原来，湖塘村有个方高雨成了农民运动的绊脚石。

方高雨是方志敏的五叔，本来也是穷苦人，可在分家之后，一个偶然的机遇发了一笔横财，买了很多地，居然成为不大不小的地主。

方高雨发财之后，忘记了过去穷苦人的日子，摆出一副高高在上的姿态，对租种他土地的农民横加剥削，在村里名声很坏。

方志敏回家乡发动农民运动后，他一直是反对，还暗中勾结官府，准备对农民运动进行破坏。

于是，方志敏同志跟方高雨展开了一场激烈的斗争。

为了彻底免除不合理的租税，方志敏率领农民要求地主交出借据。迫于农民运动的强大压力，很多地主老财把借据交了出来。可是方高雨却坚决不交出来，他还狂妄地到处传言："世上哪有欠租不交，欠债不还的理。今辈子不还，下辈子变猪狗也要还。"还威胁农协道："你农协归共产党领导，正皓是江西有名的共产党，我是正皓的亲叔，你能把我怎样?"

方志敏听说，只气得浓眉乱跳，立即召集湖塘农协大会，当众表示："方高雨，既是财主，又要作怪，就坚决跟他斗到底，不要以为他是我的五叔，就徇私情拉不开面子。"

在强大的压力下，方高雨不得不把借据交了出来。

方志敏乘胜追击，要求方高雨交出五十大洋，用于村民小学的建设和农协的开支。这下方高雨坚决不干了，他跳起脚来，破口大骂：

"我是他的亲叔，他都不认识人了，如今翻眼了，他读的是什么书，是读到脚背上去了。还想要我的钱。"

方志敏十分生气，对农协代表说："他是我亲叔，但不要以为我会袒护他，他既是地主，我就应该坚决向他斗争。你如果筹不到他的款，他要作怪，就把他扣起来；如果他要跑就用枪打死他……”

第二天，方志敏同志再派人去，方高雨态度非常强硬，还是不肯出款，当天晚上方志敏同志召集农民协会会员，来到方高雨家，首先对方高雨进行正面斗争，公开对他说：

“今天你再不拿钱来，就对你不客气……”

方高雨看到情况危急，就跑到院子里去了。大家在院子外喊：“方高雨，你交不交钱?”

方高雨一听，原来是方远杰的声音，这方远杰虽然是农协主席，但毕竟也是方氏同门。方高雨定了定神，大声叫道：“我犯了你们农协的什么王法，要这样来闹事?”

“少废话，你今天交还是不交?”

方高雨心一横，说道：“让那个反贼说话，他说让交就交。”

令方高雨没想到的是，方志敏就在院子外听着，他告诉方高雨：“方高雨你听着：限你立即答应农协的一切要求，不然一切后果自负。”

方高雨一听，慌了，只得哀求道：“正皓，不看僧面看佛面，看在一个祖宗的份上，抬抬手，让我过去吧!”说完，就侧耳听动静，只听得外面那“反贼”高声说：

“大家看，方高雨不服罪，怎样办?”

“把他捆起来!”

“送他坐班房!”

“枪毙也该。”

方高雨看到今天不交钱是过不去了，顿时凶相毕露，他跑进屋拿起一把菜刀，冲出院子门喊道：“老子今天跟你们拼了！”

众人看他出来，马上夺走他手中的刀，把他捆了起来。

后来农民公开进行暴动，不但打倒湖塘村的地主，方志敏同志还大义灭亲，杀了他的五叔——反动地主方高雨。

当时，方志敏同志的祖母——方高雨的母亲，专门来找他，对他说：

“正皓，我今天特来向你求情。方高雨是你的亲叔，千万杀不得。你不念他是叔叔，也要看我的薄面。”

方志敏很耐心地向祖母进行解释，陈明利害，好好地安慰并招待一番，又派人送她回家去。

方志敏为了革命，不顾及亲属的情面，杀掉他亲叔的事情传开之后，吸引了更多的人参加了革命。

漆工镇起义

漆工镇是方志敏的家乡，本来是个美丽富饶的地方，可在土豪劣绅的统治下，广大农民过着十分痛苦的生活。漆工镇因为规模较大，人口多，在弋阳县的地理位置非常重要。因此，弋阳县的反动武装在这里设置了警察署，专门为地主老财服务。警察署的头子叫余大麻子，提起这个人，漆工镇的老百姓无不咬牙切齿……

小小的警察署拿着鸡毛当令箭，扯着大旗作虎皮，不但有司法权和行政权，另外还有十几支枪的武装。就凭着这个，他们鱼肉乡里，欺压百姓，并且破坏农运。后来，方志敏在监狱中回忆在弋阳县的斗争经历时，专门回忆了漆工镇警察署的恶劣形迹。

他说：漆工镇设了一个警察派出所，所内设了一个巡官。照官职说来，这个巡官，本是一个不值置齿的芝麻小官。但在北洋军阀统治之下，什么事都不许有道理讲，这个芝麻小官，居然成了九区一个无尚威权的统治者！我记得有一个巡官姓余，他是北方人，他做巡官不到半年，就赚得赃洋一万余元。这似乎是一种不能令人相信的奇闻，然而这却是中华民国国土内确确实实有的事实。他榨取冤枉钱财的方法，就是他无法无天地将立法、司法、行政三权，都兼而一手包办之，他成了一个道地无二的独裁魔王。他受理区内的一切民刑诉讼，并派出巡警四处招徕诉讼，像商人招徕生意一样。人民的禀贴，一进了他的公门，不管三七二十一，有钱和钱多的就有理；无钱和钱少的就无理，就得坐拘留所，脱裤子打屁股！一场冤枉官司，原、被告两方出的钱，多可得洋一百元或二百元，少也可得洋几十元。一个月内总有几十场官司，一二千元是靠得住有的。区内的土豪劣绅，早已与他串通一气，协同作恶，民众冤抑无处诉，叫苦连天！

对于这个余麻子，方志敏早在南昌读书的时候，就风闻他的劣迹。为了赶走余麻子，他邀集几个学生，写了张禀帖送到江西警察厅，控告他的劣迹。他们以为余某胆敢做出这些罪恶，一定是警察厅不知道，如果禀帖进去了，厅长知道了，那还不会立即下令去拿办他那混账的坏物。他们下了课后，常常跑到警察厅的指示处去看看，看禀帖批示了没有。等了十天，批示处帖出一张“据禀悉，候查明办理可以，此批”。官样文章的批词，一点什么实际效力也没有发生。因为这位土皇帝的余巡官，听到有人控告他，他就连忙派人送了一大注赃款来进贿，天大的事，也就化为无事了。

反动的北洋军阀治不了的余麻子，觉醒的农民兄弟再也饶不了他。

在弋阳县的农民运动发展的时刻，对地主老财、对反动军警势力做斗争成为农会的一项工作。况且这余麻子还想方设法破坏农民革命，勾结北洋军阀，已经成为革命道路上必须清除的绊脚石。更重要的是，漆工镇的警察署虽然不大，也有七八条枪，这对非常缺乏枪支的农会来说，具有很大的吸引力。

怎么才能消灭余麻子，夺取他的枪支呢？

方志敏召集了方远杰、黄镇中开会，仔细研究了如何对付这个反动力量。

黄镇中说："对付最最顽固的，是不是可以杀掉一两个？土豪劣绅中的最最顽固分子，始终是我们农会的死对头，杀一个，一大批就老实了。"方远杰说："土豪劣绅要怀疑，农会为哪桩买枪买炮的？要问，就告诉他们，我们要保乡保族，最近土匪也闹得凶呢，这样说他们就不会起疑了。"黄镇中点头称是，又说："再挑上一批最最坚定的农会骨干，借着打猎的由头，我们把队伍拉出去训练，组成一支敢攻能打的暴动队，神不知鬼不晓的，练得差不多了，等时机一成熟，一家伙就把余麻子的老巢给它端个底朝天！"

余麻子在漆工镇得罪的穷苦百姓实在是太多了。一听说要铲除这个恶棍，几乎每个农会会员都要举手报名。方远杰乐不可支，从中挑了二百多名骨干分子，身体又好、觉悟又高的，组成了一支特别暴动队。

一天，漆工镇赶集，镇公所和派出所的院子里来了个卖菜的老农，这个老农卖了几斤菜，四面看看就走了。

隔了一碗茶的时间，突然一个大个子和一个矮个子打架。谁也不服气地来到了警察派出所门口，后面跟着一伙看热闹的群众。

大个子说："老总你可要给我做主。"

矮个子说："是他先打人，现在还诬赖我先惹他的。"

对于这样的事情，警察向来是不管的，他们感兴趣的是如何弄钱，所以就在一边看着这两人如何斗嘴。

不料，围观的人越来越多，警察一想到最近农村农会活动的厉害，有点害怕了。在警察派出所门前守卫的警察，端着枪大声喝道："不要吵，有什么好看的，快回家！"

警察望了望后面挤过来的群众，立即拉开枪栓："不要挤过来，这有什么好看的，又不是做戏，再要往前拥挤，我就开枪了。"

这时人群中出现了方志敏同志，他趁机看了看警察局派出所里的情形，除了门口一个守卫的，院子内人不多，有些在睡觉，有些在楼上打麻将。方志敏看机会到了，跳上土墙，大喊道：

"同志们，冲呀！打呀！活捉余麻子。"

说着，方志敏一脚踹开看门的警察，方远杰等人迅速地将警察摁倒在地上，把他的枪夺了过来。这个警察还不服气，大声呼喊："快来人啊，农民造反了啊。"

"我让你还喊！"愤怒的农民用梭镖一下刺进他的心脏，这个警察立即翻了白眼。

在楼上打麻将的警察一听楼下发生了暴动，都吓得来不及从楼梯子上下来，就从楼后面窗口上往水田里跳；在屋里睡大觉的都往床底下跑。巡官余麻子提着裤子从厕所出来，被冲过来的暴动队员在背上打了一下，可惜那个暴动队员不知道他就是巡官余麻子，结果让他跑了。

方志敏说："我们的口号是，打倒土豪劣绅、减租减息、建立民主政权！"

革命的红旗在漆工镇上空飘扬，反动警察势力被彻底打倒了。

起义胜利了。拔掉了警察所，缴获了三条枪：一支“汉阳造”，一支“三八式”，因为有一支打不响的“九响毛瑟枪”，所以管它叫半条枪。这就是赣东北人民流传着“方志敏两条半枪打天下”的故事。

志同道合的婚姻

方志敏浓眉大眼，长得十分英俊，加上他那口若悬河的演讲才能，在革命风起云涌的南昌，是一个众人皆知的人物，因此也得到很多女孩的仰慕。在江西第一甲等工业学校读书的时候，方志敏同志有一次恋爱经历，女孩虽然仰慕方志敏，却因出身地主家庭，不愿意吃那份苦，方志敏后来就拒绝了她，直到遇到缪敏，双方的结合，构成了革命历史上的一段佳话。

方志敏同志的夫人缪敏，1909 年出生于江西省一个农民家庭。1926 年缪敏到中共江西省委一个秘密机关从事交通员工作，与中共江西省农委书记方志敏相识。

方志敏是在一次宣传聚会上见到缪敏的。方志敏和其他组织负责人一起，经常被请去参加聚会，作革命宣传。有一次是南昌广信旅省同乡会召集的聚会，请方志敏去讲讲眼下革命发展的形势与农民运动发展的趋势。

缪敏很安静地坐在一个角落里，并不多说话，只是很注意地听取发言。

一开始，方志敏也没有注意到她。

方志敏讲到最后，见大家都在专心致志地听他讲，于是说："怎么就我一个人唱独角戏呀？大家都可以说说嘛，有不清楚的地方，有怀疑责问的，都可以说。"

就在大家相互谦让不肯发言的时候，一个很纤细的嗓音从角落里传过来："方主席，我想问问，您是怎样选择了走革命这一条道路的？"

方志敏循声望去，只见一个衣着十分朴素的女学生很不自然地站了起来，一双明亮的眼睛羞涩地望着自己。于是方志敏讲述了自己是怎样由一个学生成为职业革命家的经历，讲到他是如何因为家庭的贫困而上不起学，讲到自己在上海如何遇到革命组织的经过，因为是讲自家感触最深的一段经过，所以方志敏讲得十分投入、动情，使听众很感动。

方志敏最后说："现在有人把革命当作一种时髦，当作是下菜的佐料，好像因为流行得很，就学了满嘴的新名词，把自己打扮成一个革命家。其实革命是很残酷的，是会把身家性命都搭进去的。躺在软榻上，喊几句革命的口号，那就叫革命了吗？地主老财、反动军阀就会被打倒了吗？只有搞清楚了为什么要革命，心里有了一个目标，才会坚定地做下去，遇到困难、遇到杀头，也就会毫不迟疑地迎上去！"

听到这里，大家一齐鼓起掌来。

散会的时候，方志敏叫住了那位女学生："你是叫缪敏吧？"缪敏愣了一下，脸又红了："是。我是南昌女子职业学校的学生。"站在方志敏旁边的丘倜说："志敏，你晓得不？你们俩还是同乡呢，她也是弋阳县人。"缪敏更显得有点局促了："我老家是葛溪缪家村的。"方志敏点点头说："离我们那儿不太远，我是漆公镇湖塘村的。"

就这样，两个人逐渐熟悉起来。

在交往的过程中，方志敏逐渐对缪敏产生了好感，又从好感逐渐发展到爱情，但他对如何把握这份感情却非常犹豫。一个立志将自己的毕生精力贡献给中国革命事业的职业革命家，如果要陷入谈情说爱、恩恩怨怨的圈子里，会是个什么结果呢？方志敏真是有点把握不住这个问题了。

为了寻求一个答案，方志敏把这份苦恼向邵式平做了汇报。

他问邵式平："邵大个，你把心思、时间都花在恋爱通信上，那革命怎么搞呢？恋爱和革命，怎样才能兼顾呢？"邵式平摆出一副老大哥的姿态说："这两者之间只要摆平了，一点事都没得，而且，只有好处，没有坏处。"方志敏从床上坐起来问："何为只有好处，没得坏处？"邵式平说："一是互相鼓励，都要在革命工作上做出成绩来，谁也不能丢脸，只有做好，没有做糟的道理；二是互相学习，你有一条革命经验，我也有一条，把你的那条传授给我，我就有了两条，你也有了两条，这不是互相补充么？三是互相帮助，有的时候你有了错，别人的意见不大容易听得入耳，爱人的话总是容易听进去，帮你指出错来，不是金钱难买么？你看，这几条都是对革命工作很有益的吧？还有最后一条，就是你可以把精力更好地、全部地投放到革命上去，有老婆给你做饭，有老婆给你洗衣服，我是最怕做这两件事的。”

邵式平的理论让他有些茅塞顿开。以前总把革命与恋爱对立起来了，看来是自己的观点有问题。

就这样，双方的恋爱关系确定了下来。不久，方志敏和缪敏向大家宣布，他俩要结婚了。

婚事就在黄家巷58号办。巧得很，这是江西省委秘密机关所在地，这几天聚集隐蔽了好几位同志，像彭湃和罗亦农都在这里。彭湃特别积极，说拣日不如撞日，既然组织上已经批准，今天就办。

大家忙着贴喜字，又张罗着铺纸研墨。彭湃说想好了两句话，务必要亲自写一副喜联送给新人。

大家都围过来看。彭湃的字好，这是出了名的。只见他稍稍凝神片刻，便提笔挥毫，一挥而就。

上联是：拥护中央政策方缪双方奋斗到底

下联是：努力加紧下层工作准备流血牺牲

江西省委秘书长冯任歪着头看，琢磨着说：“不妥不妥，新婚大喜，什么流血牺牲的，像是口号，不像喜联！重写重写！”彭湃端着笔不肯让，说：“批评得没有道理，不能接受。什么口号不口号的，我写的全是方志敏心里想的。”

方志敏和缪敏结婚不久，双方就投入到紧张的革命洪流中了。

遗憾的是，在革命斗争中，方志敏不幸被捕。而1935年6月，缪敏产后第四天，由于叛徒告密，缪敏不幸被捕。缪敏被捕后坚强不屈，劝降无效，被敌人囚禁在南昌女子监狱。与囚禁在军法处看守所的方志敏相隔咫尺，但始终未能相见。后来，缪敏从新入狱的

“政治犯”李美群处得知方志敏8月6日被惨杀的噩耗后悲痛欲绝。

“七七事变”爆发后，国民党被迫与共产党再次合作，中共代表向国民党江西地方当局提出释放缪敏。出狱后的缪敏革命意志更加坚定，带病担任中共闽北省委秘书兼省妇委主任。

1949年8月，中央调缪敏回江西，先后担任中共上饶地委组织部部长、妇女书记、省卫生厅副厅长。她回到方志敏的家乡弋阳湖塘村，跪在方志敏母亲金香莲面前说：“娘，志敏不在，有我在……我临走时，毛主席要我代他向您老人家问好。”此后缪敏一直陪伴方母安度晚年。

走方郎中

1928年4月，正是赣东北革命根据地大发展的时期。

这年春天，波阳湖边的石痕村突然流行了天花。天花一旦得上就很难治疗，特别是对缺医少药的农村来说，得天花基本上等于判了死刑。由于天花有很强的传染性，一般的医生是害怕给天花病人看病，即使是给了两块钢洋，也请不来一个医生。

就这样，有的村落因为天花的流行，甚至出现绝村。而绝户的现象可以说到处都是，大家都一筹莫展，很多人甚至离家而逃。

有一天，村庄里来了一个郎中，这郎中给人看病不收钱，他看到一个孩子就给他种牛痘，这牛痘是预防天花最好的疫苗，种了牛痘，身体就有了免疫能力，再也不会得天花了。由于农村消息闭塞，文化水平也不高，对于这种在城市习以为常的注射疫苗的行为，村民们都感到很不理解，开始的时候，没有一个孩子去让他种牛痘。

可是，随着天花病毒越来越流行，很多家庭也就抱着试试看的心情，让这个郎中来看。可奇怪的是，凡是种了牛痘的孩子，即使跟得天花的病人一起玩耍，再也不会传染上了，这个郎中的名声就大了。临近很多村的人纷纷把孩子领过来，让郎中看病。

没想到的是，连乡长也被惊动了。这个乡长叫姜达贵，确实不是一个好东西。他告诉别人说："天底下哪有这样的好事情，给人看病不要钱，这人难道是共产党！"

"就算是共产党，他给人看病，救了那么多人的命，总是没有错吧？"

"你懂个屁，他这是借看病为名，鼓动闹事，共产党员是党国要犯，谁见了都要把他抓起来。"姜达贵恶狠狠地说。

周围群众敢怒不敢言，只好在心里骂："你个没良心的，我看共产党比你们这帮土匪好得多。老天要是长眼睛，就让你家人也得天花，到时候看你怎么办，要不要找共产党给你看病。"

姜达贵说干就干，就在走方郎中在乡下给孩子们种痘的时候，他带着几个白狗子把郎中抓到乡公所。

这个郎中倒也毫不畏惧，他大声问："我犯了什么罪？"

姜达贵冷笑道："你犯的是破坏民国罪，你以看病为名，煽动群众闹事，你是共产党。"

"可笑，你这个乡长正事不抓，老百姓的孩子得天花，病死那么多，你倒是不管，却抓起共产党来了。"郎中回答。

姜达贵气得暴跳如雷，吼道："快把他捆起来，送到县里去，他就是共产党！"

就在几个白狗子准备捆郎中的时候，一个妇女哭哭啼啼地跑进来说："他爸，你快回家，伢得了天花，马上就不行了，你让这郎中给看看吧。"

原来，这妇女就是姜达贵的老婆，他的孩子也被传染上了天花病毒。

这姜达贵顿时傻了眼，他瞪着郎中想，这天花死亡率那么高，现在也只有请这个郎中帮忙看看了，可他又不肯服软，叫道："你说你不是共产党，那你现在去给我儿子看病，如果你看得好，就证明你是郎中，放你走，如果看不好，就送你到县里去。"

郎中微微一笑说："让我看病也可以，不过要答应我二个条件。一是看完病放我走；二是给我二百大洋做酬劳。"

对这两个条件，姜达贵一点都不想答应。可是，自己家儿子的命还在人家手里，不妨先让他看病，看好之后再收拾他……

想到这，姜达贵说："好说，好说，你只要看好了病，什么都好说。"

郎中来到姜达贵家，他一检验，发现孩子不是得的天花，只是普通的发烧。这位郎中赶忙给孩子种了牛痘，又给他服了几味中药。

一天过去了，孩子慢慢退烧了。

郎中看孩子已经没有危险，就向姜达贵说："你孩子病好了，你也得兑现承诺，快给我二百大洋。"

姜达贵一声冷笑："郎中，你给别人看病都不要钱，干吗跟我要二百大洋。告诉你，钱是一个子都没有，你人也不能走。"

旁边围观的群众一听都骂声不止，充满同情心的看着郎中。谁知道这郎中笑起来："姜达贵，难道我不知道你的把戏，你以为你儿子真的好了。我告诉你，你儿子的病只是缓解了病情，十分的药我只用了五分。我料定你是小人，所以……”

“你就看着办，是给钱，还是送我到县城，你自己看。”

姜达贵的老婆可不干了，她哭哭啼啼地说：“你真是瞎了眼睛，这郎中是好人。你就答应他吧，不然我跟你拼命!”

姜达贵没想到这郎中还有这一手，只好说：“行行，我放你走。”

郎中说：“放我走还不行，你今后不能干涉我的自由，你还必须向乡亲们说明我是不是好人。”

万般无奈之下，姜达贵只好说：“这郎中是好人，这郎中是好人!”

之后，又被迫给了郎中二百大洋。郎中拿到钱，就分给贫穷的乡亲们。从此，这个郎中的名声更大了，不用说你们也知道郎中是谁了吧，他就是方志敏。

妙计运枪

大革命失败后，江西轰轰烈烈的农民革命运动被反动派严酷镇压，在这种一片白色恐怖的环境中，方志敏没有灰心。他根据中国共产党“八七会议”的指示，决定回家乡开展武装斗争。

开展武装斗争一是要建立革命队伍，另外就是要有武装。

1927 年 8 月，当方志敏经过长途跋涉回到弋阳漆工镇，这里的大小村庄已是一片焦土，满眼所见净是成堆的断砖碎瓦和东倒西歪的败壁残垣。原来，反动派朱培德的武装早已经派遣一个加强营，武装袭击了漆工镇。

目睹这种凄凉景象，方志敏悲愤难忍。他趁着天黑，摸索着来到自己的家门，轻扣门环。又叫了声：“姆妈！”

方志敏的母亲打开门，不禁流下了眼泪。就在方志敏外出的时候，方志敏的侄子方远杰因为和反动武装做斗争，在战斗中光荣牺牲。方志敏得到这个消息十分的悲痛，他捏紧拳头坚定地说：“姆妈不要担心，革命是一定要坚持干下去的，远杰的仇也一定要报。”

困难动摇不了方志敏的革命斗志，他立刻准备积极的斗争。当时的漆工镇真是一片白色恐怖，为了不引起敌人的注意，方志敏离开家，有时候在农会会员家躲避，有时甚至要到山洞里露宿。

由于无法公开活动，他让方高翥借着做农活的机会悄悄地送出信去，告诉熟悉相知的农友们：“志敏回来了。”弋阳的农友兄弟们听说方志敏回来了，这鼓舞人心的消息不胫而走，仿佛是在迷路的黑夜里又看见了一盏明亮照路的灯。小窝棚里顿时变得热闹了。

大家见了方志敏，除了吐苦水之外，差不多每个人都要问一个相同的问题：

“正皓你倒说说看，这个革命到底怎么个革法？不是我们不干，是我们实在不晓得怎么干，这样做能有结果吗?”

方志敏说:“革命遭受挫折,跟我们没有自己的武装有直接关系,只要我们有了自己的武装,同敌人做坚决的斗争,革命就有希望。”

大家都很同意方志敏的意见，在大革命时期，农民协会因为将自己武装起来，才取得了分田分地的武装斗争胜利的。现在，之所以革命处于低潮，关键是没有自己的武装力量，所以才被反动派压制下来。

可武装起来，说起来容易做起来难，当时的枪支都在反动武装那里，农民只有梭镖、扁担等，如果要用钱购买，一是敌人对枪支控制得很严格，二是也没有那么多的钱，怎么办呢?

方志敏说：“我们现在非常缺乏武装，这枪怎么来？大家都应该好好想想，出出办法。”

方远辉说："叫我说我们吃亏就吃亏在枪少得可怜，我们有人，可是没枪，靖卫团来了我们打不了，只有看着他们烧房子。真惨！"

邵式平说："远辉这句话说得是那么回事，要我说，没有武装是个最最要命的问题。这件事做好了，别的就好办多了。我们自己要是有了一个团的枪炮，靖卫团算个什么？到了那时，不是我们怕他们，而是他们怕我们了！"

可是，现在手上的枪，真是少得可怜。漆工镇暴动时所得的两条半枪还在，再就是邵式平前一阶段改组横峰党部时保存了三十几支枪。要搞武装，这一点点枪恐怕是杯水车薪了。

方志敏很有信心地说："好，我去搞枪！"

方志敏在波阳经过艰苦工作，才弄到十几支枪。枪有了，可是怎样才能送到漆工镇呢？这真是一个大问题。

那几天，波阳城一度处于戒严状态，街头巷口都有人拿枪站岗，关卡按查得更厉害，而且随时随地都有警察，密探出动，情况很紧张。十几支枪这样的大目标，一旦不好就会被敌人发现。耽搁久了，事情就容易暴露。为了这件事，方志敏同志茶饭不香，坐立不安。

后来，他到城里东西南北四方走了一趟，在城东关王庙附近，碰见了几个农民，正挑着几担大粪出城。这件事情大大地启发了他。

晚上，方志敏同志回到秘密住所，和当地党员同志商量，把自己的想法跟大家说了，大家都觉得这是一个妙计。

说干就干，马上召集来几个地下党员同志，想办法弄来五个大粪桶，装了满满的五桶大粪。十几支"三八式"的步枪，全部拆散，用牛皮纸把零件包起来，分别放在大粪里。

第三天早晨，方志敏同志从水路赶到朱湖山，等候拿枪。那边五个同志，全部化装成本地农民，桃着五桶大粪，从东门出城。

站在东门口的几个哨兵，一看是挑大粪的，赶紧捂着鼻子，站在一边、一句话也没有问，平静地过去了。

走过关王庙，来到昌江接口，几个哨兵突然拦住去路，要检查大粪桶。走在西边的同志放下粪桶，镇静地说："这个真的是大粪，难道还有什么东西吗？又吃不得。"说着，就在粪捅里搅动起来。一下子，臭味扑鼻，几个哨兵捏着鼻子喊："别搅，别搅。"

几个挑大粪的同志问："老总，还需要再检查吗？"

"快走，快走！"

就这样，他把这十几支枪送到了朱湖山。方志敏同志又赶快把这十几支枪送到了弋阳。

再斗张念诚

方志敏从波阳带回来十几支锃锃亮的大枪，让农民兄弟们着实兴奋了一阵子。他们又聚在一起开会，一面听方志敏的传达，一面讨论组织秋收暴动的事。

会议正在进行的时候，门被推开了，吴先民上气不接下气地跑进来。

“别着急，有话慢慢说。”方志敏说道。

“能不着急吗，张念诚带了很多兵来抓你了。”

“我倒是想会会他，上次不见已经很长时间了?”方志敏风趣地说。

就像本书前面说过的那样，这张念诚跟方志敏的交往很深，是方志敏的“朝爷佬”。但在大革命的洪流面前，他逐渐显露了疯狂的地主阶级本性。方志敏要办小学，教授新知识，鼓吹新思想，张念诚是多方阻挠。张念诚想通过贿选把自己选为省议员，上北京见世面，结果在方志敏的打击下没有得逞。张念诚可不是一盏省油的灯，自从与方志敏结下仇怨，他从心底恨死了方志敏，一心想置他于死地。在农民运动发展时，张念诚是没有任何机会的，他还被农民协会抓起来，被关到南昌监狱。国民党背叛革命后，反动势力乘机反扑，张念诚从监狱里出来，急忙组织地主武装，准备踏破漆工镇，消灭革命力量。

方志敏回漆工镇后，农友们广泛传播，也传到张念诚的耳朵里，他急忙从军阀那里借出一个营的正规军队，并加上自己的地主武装，浩浩荡荡地开赴漆工镇。

看到方志敏不急不忙的样子，方远辉等人着急了。

“快到漆工镇了！志敏，你先走吧！”

方志敏问：“他带了多少人？”

“大约一个营的样子。”

方志敏思考片刻说：“敌我悬殊，我们都上山去避一避。”一下子人便全撤空了。

得到可靠情报的张念诚心想十拿九稳地能抓住方志敏，可到了湖塘村，方志敏的影子也没有见到。这令张念诚十分愤怒，他的一股恶气翻来滚去出不来，湖塘村庄户人家的房子、树，样样都让他看着惹气，样样都使他觉得潜藏着仇恨与危机。于是放了把火。这一把火使得湖塘村八十余家被烧毁有五十多户。

方志敏等同志在山上看到湖塘村起的大火，十分的痛苦。他们深知，农民家盖房子是很不容易的，经过张念诚的这一闹，那就真正是家徒四壁了。

同志们抑制不住悲愤，纷纷向方志敏请求。

“方主席，我们就跟他拼了，我们也有十几支枪，对准张念诚，就是打不过他，也要擒贼擒王。”

远处的火光和同志们的激情，让任何人都免除不了立即报仇的心愿，方志敏何尝不想跟敌人痛快地干一仗，但他转念一想，现在最需要的不是与敌人决斗，而是保存力量，争取以后更大的胜利。

“同志们，轰轰烈烈，痛痛快快，拼它一场，我也喜欢。可是拼不赢怎样好啊？弄不好，这刚刚燃烧的革命火种还会被扑灭。”

“那，就看着失败就是了。”

“不要说气话，我们一起开个会，商量一下好不好？”

吵声终于停了，方志敏就把邵式平、方远辉等人召集开了一个会。大家决定暂时避其锋芒，准备力量，最后彻底打倒张念诚。

机会终于来了，方志敏被上级分派到横峰去组织和发动群众，原在横峰秘密工作的黄道则调弋阳。这主要是考虑到方志敏在弋阳活动的目标过大，危险性也大，并且被敌人围追过急的缘故。黄道也是同样，在横峰差不多是无人不知、无人不晓，也是靖卫团排行榜上的首位。同时明确了下一步的工作应当是争取时间，努力发动群众，组织好暴动队伍，一定要尽力扩大暴动范围。

第二天，方志敏又急急地赶回了弋阳。这时敌情有了一个变化，张念诚请来的那营官兵因调防已全部退出了九区。方志敏怎么肯放过这个机会，就由方远辉、黄镇中领头，组织了三百多人去烈桥捉拿张念诚。其中沿途的群众闻讯后不断加入这支队伍，浩浩荡荡达三千多人。

张念诚得讯后连夜逃遁，先是逃到了南昌，后来又到了上海。

到了上海，张念诚丢失了土地和财产，再也无法虚张声势，最后是丢魂落魄，病死他乡。

瞎子侦察兵

轰轰烈烈的革命运动把所有人的积极性都调动起来了，连走街串巷的瞎子也不例外。

方志敏在领导弋阳农民革命运动的时候，多次招收农友参加革命运动。一天，一个算命的瞎子也来到苏维埃，提出了参军的要求。

众人一听都哈哈大笑起来，一个瞎子也来当兵，那不是送死吗！

负责招收红军的工作人员说："这位同志精神可嘉，可是打仗是要翻山越岭的，你行动不方便，到时候没有人照顾你啊。"

谁知道这个瞎子能说会道："我现在不愁吃不愁穿，这好日子是共产党给我的；我虽然眼睛瞎了，心里没有瞎，也可以为公家做点事。"

"你能做什么事？"

瞎子说："我虽然是算命的，眼睛虽不见天日，可是我心里有天日，我整天都到处给人算命，什么地方出什么事情，我是了如指掌。用我来打探消息，肯定没有错，而且也没有人注意我这个瞎子，这当然是有用啦。”

招兵的同志看他说的有道理，急忙向方志敏介绍这个情况，方志敏看这个瞎子虽然看不见，但能说会道，革命意志又很坚决，就同意他参加红军，专门给部队提供消息。

不久，方志敏同志接到上级命令，要求去攻打九江，驻扎在河口镇的敌人感觉机会来了，就加强河口镇的力量，准备攻打漆工镇。方志敏同志一边组织人马攻打九江，另一方面又组织防御，但在大部队调走的情况下，无法跟河口镇的敌人硬拼，只能采取智取。要想智取，就要了解敌人的部署情况，在敌人看守那么严密的情况下，如何深入敌穴，探得情报，就成为当前最紧要的问题。

方志敏开始的时候准备派红军装扮成农民进入河口镇，但红军的目标太大。这时候，瞎子主动请缨，要求去河口镇。

瞎子接到命令，扮成算命先生，带一瓜皮帽子，右手拿着小竹棍，左手拿着铜钱，叮当叮当地打着，来到了河口镇，向敌人师部门口走来。

“这是师部，不准任何人进去，快走开！”

“啊，老总，我是算命的，你老总算个命吧。我算你几时升官、发财，一算就知道，要是不灵，我不要你的钱。”瞎子笑嘻嘻地说。

“真那么灵，那就先给我算。”

另一个哨兵说道：“他妈的，老子干了六年，还是个赤脚兵，你给我查一查八字，看我是不是有当官的命。”

瞎子听听这个当兵的八字，摇头晃脑地算了一算说：“哎呀，老总你今年的命可真不好，恐怕有血光之灾啊。但也不是躲不掉，如果你能按照我说的去做，也可以逢凶化吉。”

瞎子正在跟两个当兵唠嗑的时候，突然师部里传来争吵声音，原来是一班人在打麻将。这时候，一个女人的声音传过来：“你们别吵了，今天团长要来，你们还不赶快去准备伙食啊。”

“那今天去买多少米。”

“你真是呆子，来了那么多的人，至少要一百斤米才够一顿的啊。”

说者无意，听者有音。瞎子在心里默默盘算，这一百斤米够吃一顿，那师部里也就一百多号人，可是师部里的那么多兵到那里去了呢？

瞎子灵机一动，想出一个办法。

他摸到豆腐店门前，就听到老板娘在唉声叹气。

他急忙搭话：“老板娘，算算运气吗？”

“倒媚，还有运气，我这么多豆腐都快馊了啊。”

“为什么呢？”。

“前几天下头扎了好多兵，今天一早就开走了。”

瞎子说：“走了还回来嘛，只要走得不远。”

老板娘说：“你那里知道，他们都是到龙虎山去打仗了。一时半刻回不来的。”

瞎子一听，立刻就走了，见到方志敏，就把今天的情况一一说了。

方志敏一拍大腿叫道：“敌人大部队走了，师部空虚，我们正好袭击师部。”

方远辉说："这师部只有一百多号人，打得过瘾。"

方志敏笑道："人数虽然少，但毕竟是师部，说不定师长还在里面，我们活捉了师长，这影响可就大了。"

大伙一听可以活捉师长，顿时情绪高涨起来。部队赶忙准备粮食弹药，决定对河口镇来个突然袭击。

方志敏同志率领赤卫队一千多人、分水陆两路，连夜突然奔袭河口镇。当时月明星稀，不到五更天，赤卫队的人场全部到达，采用了"明包围"、"暗突击"的战术，不到两个钟头就攻下河口镇师部，消灭了敌人的警卫队，缴获了大量弹药和枪支。方志敏同志乘胜进攻贵景溪和舱山的敌军，发动政治攻势，到处张贴布告，对待俘虏十分宽大，结果敌人有的投降，有的逃跑。

方志敏率领赤卫队，背着战利品，押着俘虏，回到了根据地。

同志们纷纷赞扬方志敏用兵如神。方志敏笑道："要论功劳，我们的瞎子才是第一，没有他的周密侦察，我们就会失去机会的。"

方志敏握着瞎子的手，亲切地说："你真是我们的神探啊。"

两次脱险波阳城

方志敏参加革命以来，为了发动群众，经常在大会上发表演讲，很多老百姓不但听说过他，甚至还见过面。在国民大革命的时候，由于当时国共合作，方志敏同志的活动基本是公开的，这样就对于他今后的秘密活动造成了很大的威胁。1928 年，他来到波阳城，就险遭敌人追捕，幸亏他的机智方才脱险。

一天，他和警卫张远福到波阳从事革命活动，快到的时候，方志敏对张远福说："你就在这个地方等我回来。"

张远福担心地问："万一遇到危险怎么办？首长，我还是跟你一快去吧。一旦遇到敌人，好歹我们还有枪啊。"

这倒提醒了方志敏，他解下自己的驳壳枪，交给张远福说："最危险的地方就是最安全的地方。波阳城现在驻扎敌人一个团，如果敌人发现了我们，即使是有枪，也很难逃脱，我们索性什么也不带，这样大摇大摆进城，反而没有危险。”

就这样，张远福待在山边等方志敏回来。方志敏就装着一个生意人模样，到波阳城去了。

事情办得很顺利，两个时辰过后，方志敏就开始出城了。就在出城门的时候，两个站岗的士兵突然嘀咕了一下。“我看那个人像方志敏，上次我在漆工镇见过他。”一个士兵说。

“不要让他跑了，那可是八万大洋啊。”当时敌人悬赏方志敏的人头是八万大洋。这两个士兵马上把枪栓一拉，叫道：“那个做生意的，过来！”

方志敏一回头，两个士兵一见马上喊到：“就是方志敏，就是方志敏！弟兄们，不要让他跑了，快抓活的啊！”

方志敏一听敌人叫喊，扭头向城里跑去。

一时间，波阳城都被惊动了，四座城门被关得严严实实。

方志敏在前面跑，士兵在后面追，由于害怕方志敏手中有枪，这些白狗子不敢近身。方志敏同志竭尽全力奔跑，但却甩不掉敌人。这时，他拐进了一个小胡同，进去一看才发现是一个死胡同。

情急中，方志敏推门，跑进一个居民家。

这家只有一个老太太，在忙着纺线，看到突然进来一个人，吃惊地站起来。方志敏告诉他：“老大娘，我是共产党员，外面的白狗子正在追赶我，我就在你这藏一藏，马上就走。”

听说来人是共产党，老太太赶忙把他藏进一口大缸里。一会儿，追军就到了。

“老太太，有没有看见一个人到你家来！他是共产党，抓住了有赏啊。”

“没看见。”我一直在纺线，哪里看见什么共产党。”老太太回答。

“这就奇怪了，怎么跑来跑去就不见了，这方志敏难道是长了翅膀不成。”几个白狗子嘀咕着说。一个军官模样的白狗子恶狠狠地对老太太讲：“一定是你将方志敏藏起来了，今天不交出来就砸烂你家。”

老太太好像很害怕的样子说：“老总，我哪敢窝藏方志敏，不相信你就搜！”

几个白狗子面面相觑，无可奈何地走了。

等白狗子走远，方志敏从缸里出来，对着老太太说：“大娘，今天幸亏遇到你啊。”

老太太说：“你真的是方志敏！我们穷苦人都知道你是好人，我才不告诉他们，就是打死我也不会说的。”

没有抓到方志敏，驻扎在波阳城的国民党军队马上召集会议，研究如何抓捕。

一位貌似老谋深算的人提出：“不妨把城门都打开，方志敏看见城门都打开后，肯定想方设法逃走，我们只要加强警备就可以趁他出城时抓住他。如果我们关闭城门，有很多老百姓支持方志敏，怕是十天半月也困不死他。”

急于邀功的国民党军官一拍大腿，叫道：“这个主意好！”

躲藏在老百姓家的方志敏，让老太太去打听外面的动静。不一会儿，老太太回来说，四周的城门都打开了。

方志敏陷入了沉思：“这会不会是敌人的计策！”但如果老是躲藏在老乡家里，外面的革命工作正非常紧张，而且一旦暴露还会连累这个老太太。想到这，方志敏就告别这位老太太说：“大娘，谢谢你。但我不能在你这等下去了，外面的同志还在等我。”

方志敏就跟老太太借了一身他儿子的衣服，到了城门口，就看见周围有很多便衣，还加了两道岗。

方志敏走到一士兵面前，掏出一根烟：“哥们，这方志敏真够狡猾的，老子我在城里转了半圈了，也没有发现他的踪迹。”

“你是?”站岗士兵疑惑的看着他。

“老子是团部的，今天穿的便装。”

“估计方志敏已经出城了，波阳城也就巴掌大一块地方，能抓住早就抓住了。”

方志敏笑道：“是啊，方志敏又不是傻子，哪会躲在城里让你抓的，兄弟我这出城边溜达溜达，看能不能抓到他。”说完，方志敏叼着香烟，离城而去。

等方志敏离开波阳城几里地，想找块地方休息一下时，突然背后又响起枪声，白狗子又追来了。原来，方志敏装便衣出波阳城的时候，一位士兵看到了他特有的八字胡，可又不敢确认，等方志敏走远了才报告说，刚才有一个留八字胡的人出了城。团部马上动起来，派了一个排的士兵追赶。

眼看着敌人快追到了，方志敏实在有点跑不动了。这时他发现了一座破庙，赶忙跑进去。

庙里有三坐菩萨，其中一座已经完全被毁坏了，只留下破袈裟。方志敏急忙之中，用那个破袈裟披在身上，一本正经地装起菩萨来。

不一会儿，一群士兵跑到庙里来，看到庙里什么也没有，只有三座泥菩萨。气得大叫：“这方志敏难道有菩萨保佑，居然在眼皮底下跑了，八万大洋就这样飞了。”

“他妈的，这菩萨怎么就不保佑我！”说完就要砸菩萨。方志敏暗暗叫苦，如果这样砸下去可就完了。

另外一个士兵忙说：“使不得，使不得，得罪了菩萨，你今后吃共产党的枪子！”

就这样，方志敏又一次化险为夷。

真假方志敏

1928年冬天，正值天寒，国民党军重新调配兵力对新生的根据地开始了第三次局部“围剿”。这次起用的是国民党金汉鼎所属十二师三十六旅的周志群部。

周志群部是个杂牌军，从贵州地区拉过来打红军。国民党的嫡系部队和杂牌军之间的待遇差别很大，不光是受到排挤和歧视，而且对士兵的薪饷，更是一层层地克扣。时届天寒，士兵们的身上连御寒的棉衣也穿不上，那些贵州兵叫苦不迭，怨声载道，打仗作战的心思先就减去了好几分。

周志群看到官兵都不想打仗，索性想了一个馊主意，他利用武装四处抢劫妇女，把她们给自己的官兵当老婆，他一厢情愿地想，只要官兵有了家，难道还不老实地跟我打仗。他那里想到，这个办法，不但没有让官兵安心，反而引起一场哗变。

抓来的这些妇女中，有一个叫杨莲花的，当年才18岁，是横峰三区明山岗的人。年纪虽轻，心里却是很有主见。

“娶”杨莲花的是三营十二连的一个排长叫龙志光。龙志光晓得像自己这种芥末大的个杂牌军官要讨个老婆真是不易，所以待杨莲花倒是百般爱护。杨莲花见龙志光倒也还通情达理，凡事也不强迫自己，于是慢慢地和他说起话来。

杨莲花小时候家乡就开始闹农运，也懂得一些革命道理，于是就慢慢地说服龙志光。

龙志光这才晓得自己讨来的这个老婆居然还懂这么多的事，他也是穷苦人出身，自然在感情上很容易接受。于是，又叫来与自己谈得来的几个排长和士兵，经常聚在家里听杨莲花说根据地与红军的新鲜事。慢慢地，这些人的脑子里多了一层东西，心思也开始活跃起来。

看着龙志光接受了自己的想法，杨莲花干脆鼓动他投奔红军，她说：“当当咱穷人自己的兵，有多舒心畅快。”

龙志光一下子钉在屋子中间，半天才犹犹豫豫地问：“人家能要我们么?”杨莲花说：“怎么不要，革命队伍的大门是敞开着的，只怕你不去呢。”

经龙志光一串连，全连上下的官兵居然全都愿意。于是他们一起鼓动了连副杨延辉，在弋阳七区的程家桥带着一个连全都哗变过来，被编成红军第十二连。

这哗变过来的军队可都是带着先进武器来的，一下子红军的力量增加了很多。但是哗变与起义过来的队伍并没有进行改编，也就是说，其编制与内容依然照旧，结果把旧的一套关系与作风全部带过来了，只是名义上挂了个红军的牌子。

这就给红军的发展带来了隐患。

这批新加入红军的士兵，赌博、抽大烟、打人骂人样样齐全。老百姓的意见很大，农民出身的红军官兵更是看不惯，也不服从杨延辉和龙志光的指挥。

于是就有人劝说把这个连队解散算了，方志敏犹豫不决，主要是顾虑到自己的队伍枪支弹药均不如十二连，士兵的战斗力亦没有他们强。缴械怕是缴不下来。再又感觉这样做未免过于简单草率，传出去会把敌人弃暗投明的路子堵死，不利于争取敌军起义的工作。后来想，还是派一些红军干部进去掺掺沙子搞搞言传身教。

结果，这些哗变士兵听说要派红军过来，就更不乐意了，他们在想方设法再次哗变过去，重新回到反动军阀那里去。这几个兵痞又煽动了一伙人，跑出去暗中勾结了正欲前来进攻红军的国民党军，搞了个反水计划，打算乘着开五一庆祝大会，刺杀了方志敏，消灭红一、二连，然后重新投奔国民党。

哗变士兵要刺杀方志敏的消息传到红军的耳朵里，大家都劝方志敏不要再出席庆祝五一劳动节大会了。

针对这个建议，方志敏微微一笑，分析道："如果新成立的苏维埃政权第一次召开五一庆祝大会，大家都晓得我方志敏要去。到时候如果看不到我，传出去，难道不是说方志敏害怕了。"

有人提议干脆找机会把他们都解决掉，方志敏更是摇头说："这帮人虽然有很多的坏毛病，但毕竟是打着起义的旗号过来的，如果把他们都枪毙了，会造成不良影响。原本想投奔红军的人会不会觉得共产党、红军靠不住？给他们造成一种什么样的心态影响？”

大家一合计，觉得还是应召开五一庆祝大会，但方志敏是否参加会议，就要等到会议召开时才揭晓。

五一节的那天，天气十分晴朗。部队已经进入了会场，红一、二连各占了左、右的两块位置，中间的位置留下来给十二连。不知不觉中，十二连处在红一、二连的左右夹击之中了。

过了一会儿，几位和普通红军战士穿着一样的干部走上台去坐定，接着便宣布大会开始。先就请老汪同志讲话。

十二连的队伍中显得有些骚乱，有几个人交头接耳地四下打听，方志敏到底来了没有。

台上的老汪说：“诸位红军同志，方志敏临时在洪家村有事绊住了脚，要过一会儿才能到，现在我先讲几句，等他来了他再讲……”站在台上讲话，台下的一举一动都落在了老汪的眼里。

十二连的那几个家伙听说方志敏一会儿才能来，于是决定沉住气等下去。不料直到大会宣布结束，坐在台上的人已经骑马离开了会场。

没有见到方志敏，准备哗变的士兵不知所措。这时，一位红军战士宣布会议结束，十二连的士兵问：“方主席来了没有。”

红军战士回答：“刚走啊，刚才那个讲话的老汪就是方主席。”这帮哗变的士兵这时才如梦方醒，原来是上了方志敏的大当。慌乱之中，把他们挤在中间的红军第一、二连迅速将他们的武器缴械。

奇袭景德镇

1930年，爆发了蒋、冯、阎之间的中原大战。由于反动军阀忙于内战，无暇顾及围剿红军，苏区根据地得到很快的发展，而各地红军不断取得胜利的消息也传到信江特委。

在周围敌人力量薄弱的情况下，方志敏认为革命大发展的机会已经到来，但信江的红军应该朝那个方向前进，朝哪个方向进攻，方志敏还没有拿定主意。这主要是因为，长期以来信江地区一直在敌人的包围当中，无法得到中央的指令，而江西省委在1928年遭到敌人破坏后，特委与省委的联系基本中断。

如何在独立环境下开展军事斗争，对这个问题，信江特委进行了大量的思考和研究。在当时，做出了这样两条决定：一是由新派来的特委书记唐在刚专程去一趟上海找党中央，汇报并请示工作；二是在未得中央指示之前，红军独立团相机出击景德镇、浮梁、乐平、开化这个三角地区，在乐河、昌江流域建立新的革命根据地。这两点决定考虑得比较细致，既注意到了与中央的精神合拍，又照顾发挥了自身的主观能动性。

景德镇当时是全国的四大瓷都之一，以盛产瓷器而闻名于世。在景德镇，从事瓷器制作的工人就达好几万，瓷器工业也就成了景德镇经济发展的一根重要支柱。南来北往的客商众多，富贾豪绅云集，是个富得流油的风水宝地。

这一仗若是能打好了，首先是政治影响非常之大，谁都能晓得了共产党的力量非同小可，再也不是在磨盘山里与靖卫团转圈子了，现在连景德镇也敢碰上一碰。其次就是能在军事上造成向安徽发展的势态，扩大红军的影响，扩大根据区的活动范围。当然，地盘越大，活动起来自然是对红军越有利。最后一点也非常要紧，景德镇是个丰硕之地，吃下这块肥肉，经济上便能宽松一下，大大地缓解一下苏区目前存在的经济困难。

好处虽然很多，但景德镇毕竟名声在外，虽然敌人的军事力量大部分都调走，但是镇上现存的武装力量仍不可轻视，其中伪保安队有二百多枝枪，伪警察总局、警察队、消防队各有四十多支枪，伪警察总局下设两个分局，也各有四十多枝枪，再加上伪法院法警、税警的枪支，共有四百多枝，大约相当一个营的兵力。这些兵力都分驻在伪浮梁县政府、伪警察总局和湖北书院等四个地方。

方志敏听取了大家的意见，在探讨比较、反复权衡之后，慎重地说："攻打景德镇，需要制定一个周全的大计划，景德镇离根据地比较远，这也是我们第一次脱离根据地主动出击。这种长途奔袭，一定以速战速决为宜，打的就是一个'快'字。另外敌人的兵力、枪支、武器装备都不在我们之下，所以这一仗还要打一个‘奇’字，以智取为上，不可力夺与强攻。根据敌人的规律，进攻的时间定在星期一的拂晓。敌人经过一天的狂嫖滥赌，思想与防守都是最为松懈大意的时候，此时要打，时机最好。”方志敏说完，大家都同意这个指导思想，于是又说起具体的行动细节来，会议一直开到夜深。

五月十三日是星期一，方志敏率独立团于十一日清早出发，抄小路过乐平，经明口，击溃敌许英保卫团的拦阻，于十二日赶到乡墩段家。过了段家，便是敌占区。部队即换装改用伪军番号，并按计划由白军排长起义的龙志光串外省籍战士编成的先头部队在前开路。可是，这一秘密，却因某些战士忘了将草鞋上的红纸绳扯掉这样一个细小的疏忽而露出破绽，为段家一个反动地主察觉。这家伙立即写了一封密信，飞速地送到伪浮梁县政府。信上说：

“今日段家发现了一支来历不明的队伍。”

这封信实在危险，可哪个发现得了呢？

大雨倾盆。部队吃过晚饭后冒雨由安徽省边界南下，向一百里外的景德镇进发。一夜急奔，终于在十三日的拂晓前赶到里村。里村的党组织早已做好策应的准备，当部队按计划分四路同时向景德镇市的各反动据点展开包围时，路路都有十分熟悉的向导。

这时，敌人的密信早已经到达伪县府。

但部队进入市区，街上却静悄悄，毫无动静。

龙志光率先头部队冲到伪县府大门口了，敌哨兵还客气地问：

“你们是哪个部队的？”

“许英团！”

“咬——”一声未了，龙志光身后的战士早已蜂拥而上，将哨兵解除武装。随后，即毫无阻拦地冲进敌人营房. 那些该死的老爷官、老爷兵，一个个都睡得呼呼叫。

密信早已经传出，敌人如何没有做准备，原来是敌人的懒惰帮了一个大忙。原来是此信也在传达室里，因为是星期日，伪县长和伪警察局长花天酒地正当紧，门房把信送给谁？如今，当然是“送”给红军了。红军这才发现有那样一个细小的疏忽。

景德镇市的所谓“三尊大佛”、“十八罗汉”以及土豪劣绅、贪官污吏，也大部落网，没收的黄金、白银、现金有一百多万元。

这一仗，使根据地扩大到赣北，苏区纵横五百余里，人口增加到一百多万。由于景德镇瓷业工人的踊跃参军，独立团从原先的一千多人扩大到四千多人，有了步枪八百多支，差不多成了一个小富裕户。战士们还换上了新做的军装与绑腿，子弹带也是崭新一色的，帽子上配换了新发的银质红五星，闪光锃亮，精神得很。方志敏雄心勃勃，高兴之余又计划着一鼓作气，在皖赣边境地区再拓宽出大片苏区来，建立巩固的政权。

同左倾路线做斗争

“八七会议”后，我党又逐渐陷入了左倾冒险主义的错误路线之中。当时的党中央以李立三为代表，不愿意承认敌我力量悬殊的实际，要求红军去进攻大城市，甚至是饮马长江。在立三路线的错误指引下，农村革命根据地遭到很大破坏，刚刚建立的红军受到很大损失。

就在全党执行李立三路线时，王明从共产国际回来了。共产国际成了王明的上方宝剑。王明比李立三更有权威性和震慑力还在于他一整套说起来头头是道的理论，这在许多土包子出身的中国共产党的领袖人物中间是算得上鹤立鸡群的。在当时没有人能够完全地驳倒他的那套说法。正是因为盲目地信仰与服从，才使得被称为“王明路线”的那一套错误做法得以迅速地流传和执行，以至于红军最后除了战略大撤退而没有别的道路可以选择。

"王明路线"同样在赣东北领导层中占据了主导地位，其代表人物就是曾洪易。

曾洪易来到赣东北后，认真地下了一番功夫，做了一番准备，两个月后，在葛源召开了赣东北省的第一次党代大会。

曾洪易是个口才很好的人，加上他在苏联读的那些书本上的名词很多，这对于那些文化水平比较低的农民来说，具有很大的神秘感。他的一套又一套的马列理论使得在赣东北土生土长的党员代表听得目瞪口呆。虽然有如听天书，但也不由得佩服这位新来的中央代表学问深奥，难免有些自叹不如。

为了控制赣东北，推行"王明路线"，曾洪易头一招便是改组了省委的党、团组织以及军内领导。从名单上看，除了方志敏、邵式平等几位赣东北根据地的创始人无法排挤出局，吴先民、邹秀峰、洪坤元等人的名字已经见不到了，连黄道也被他想了办法调到闽北去了。现在所能看到的领导干部，几乎都是从中央或别处调派来的。曾洪易无形中在本地干部与派遣干部中划了一条线。他在省委常委中也学着中央的样子搞了个三人主席团，由万永诚、聂洪钧、唐在刚组成。他把自己的位置安排在这个三人主席团之上，具有"决定一切"的权力。在这次党代大会上，对一些干部再次作了调整，可以说曾洪易实际上已经在组织上完全地控制了赣东北省委和红十军的领导权。

曾洪易的第二板斧是指挥打仗。他用的是王明的那套理论与做法，口号是"不失苏区一寸土地"。王明实际上是把在苏联院校里的那套战术理论，拿来运用到了拿着梭镖、大刀、步枪作战的中国工农红军身上。

这打仗可不是闹着玩的，如果一整套根本不适合中国国情的打法，会使红军受到很大伤害的，甚至会使革命遭到失败。曾洪易通过党代会，改组了赣东北的领导结构，方志敏因为严格的组织纪律，没有去找曾洪易，可现在是刺刀见红的战争，就不能任其胡来了。考虑再三，方志敏和邵式平终于忍不住找到了曾洪易，要他结合苏区的实际，不要再搞纸上谈兵那一套。

方志敏开门见山地说："想跟你再说说下一步的作战任务。"曾洪易站在门槛边上并没有随着他们进屋，听方志敏这样说，只是撇了下嘴角，两只手抱着肩膀说："又拿你们的那套保守主义的做法来进行游说？"方志敏耐着性子说："打仗要注重实际情况，这儿的情况你也都晓得了吧？把红十军拉往西南方向的金溪、资溪、余江一带，正好是钻进了敌人的堡垒丛中，屡战不利，伤亡惨重，我们不能眼看着将这支千辛万苦创建起来的队伍消耗光。应该换一种打法了。"邵式平说："你再看看位于我们东北方向的皖赣、浙赣边界，在婺源、常山、江山、屯溪这一线，敌人的兵势比较弱，而且没有修筑堡垒，非常有利于我军的出击，以东北调动西南，在周旋中机动歼敌，应该是上策。"

可是，自诩自己是军事家的曾洪易哪里肯接受劝说，他反驳说："说来说去，你们总是想见了敌人的碉堡绕着走。我就闹不明白，怎么面对敌人的堡垒，你们表现出来的是那样的恐惧畏缩呢？"

方志敏解释："其实这个道理也是很简单的，我们的装备差一大截子，这是有眼睛的人都看得见的。既无炮兵，又无重火力武器，要想进攻坚实易守的堡垒，花费的代价难以估量。"方志敏说得很实在也很诚恳，他一直在提醒自己，千万不要跟曾洪易意气用事，仗打得不好，流血牺牲的都是自己的战友兄弟。要尽力说服曾洪易，尽量地减少这些无谓的牺牲。

曾洪易微微眯缝着眼，并不打断方志敏的长篇大论，听完方志敏的话后，好像是深思熟虑的样子说："志敏同志，不是我要给你扣帽子，但你所说的这些，根本就是逃跑主义的表现，不想办法粉碎敌人的堡垒政策，反而在敌人的堡垒政策面前退却逃跑，你自己说说看，你这叫什么行为?""你就晓得你这点家底，你晓不晓得要服从中央？要服从王明同志的指挥？敌人明明在这边，你偏要跑到那边去，你去跟谁打仗啊?"

曾洪易在指挥作战中表现出来的固执己见更是令人吃惊。为了坚持他的"持久围困堡垒"的方针，敌人在哪里筑堡垒，就把红军调到哪里去攻打。

固执的结果便是失败，在夏家岭战斗中，部队便伤亡了千余人，红十军未能粉碎敌人的第三次"围剿"，经过半年多的浴血苦战，赣东北根据地却越缩越小，只剩下一个横峰县城和弋阳、贵溪、上饶、德兴、乐平及铅山等一带纵横二三百里的地盘了。

方志敏还没有来得及再找曾洪易理论，曾洪易又开始了"肃反"。

在一次战斗中，部队悄悄进入埋伏地点，眼看着敌人已是瓮中捉鳖了。谁曾想就在这最后的关口，一声刺耳的枪声划破了夜空的寂静。守敌顿时警觉地意识到了自己处境的危险，不顾死活地开始了疯狂地射击。夜袭计划随着那一声枪响顿时化为泡影。

部队撤下来后，当时任政委的吴先民就立即着手进行了响枪事件的调查。但是，调查出来的结果实在是太简单了，就是一位半个月前入伍的新战士由于紧张不小心扣动了扳机，造成了枪走火。吴先民处分了这个战士和连排干部，并且把调查结果汇报给了上级。

曾洪易看到了这份汇报，他足足盯了半个时辰没有开口，然后派人去叫来了吴先民。

曾洪易说："吴先民同志，这份报告是你写的？"

曾洪易说："你不觉得太简单了吗？"吴先民以为是嫌报告写得太简单，于是解释道："事情本来也不复杂，就是这个新战士闯的祸，已经都问清楚了，也做了处理。"

"这里头的文章哪有这么简单？连我都能一眼瞧出来，如果不是有'AB'团分子捣乱，怎么能发生这样的事？'AB'团分子就在你们的队伍里进行破坏，你们居然一点没有察觉？你们的警惕性到哪里去了？你们的立场到哪里去了？你这个政委是怎么当的？"

吴先民终于也忍不住了，一句话脱口而出："哪有那么多的'AB'团？你说是他就是啦？总要有个证据吧，都是些农民，种田的人，他们晓得什么是'AB'团？"

曾洪易的眼缝里闪着光，仿佛终于抓住了猎物似的指着吴先民说："你敢为反革命分子辩护？我看你也差不多了，难怪你那里会闹出事来，根子就在你身上！要查先要从你查起。告诉你，回去先给我把那批人抓起来，你要敢不抓，我就抓你！"曾洪易说到做到，真的下手了，给吴先民扣了顶"改组派"的帽子抓了起来。

曾洪易为了搞肃反抓人关人，在根据地搞了几十所大小不等的监狱，并且还设立了审讯室，里面绳索棍棒一应俱全，搞得十分恐怖。关押吴先民的这所监狱离省委机关不远，原是一间地主家的宅院，虽然已经很破旧了，院墙却仍很坚固。曾洪易就是看中这一点，把他认为是重大要犯的人都关押在这里，派了一个班的战士荷枪实弹地看守。

方志敏晓得问题很严重。从感情上来讲，他觉得吴先民是太委屈了，恨不得立就派人来给他治痛疗伤，宣布给他平反。但从理智上来讲，方志敏不想马虎，战争时期的情况毕竟是很复杂的，许多情况令人难以预料，他需要冷静地把事情搞清楚，拿着事实依据去找曾洪易。

方志敏很严肃地问："吴先民同志，你到底是怎么弄的？你给我仔细讲讲。"看得出，吴先民在极力控制着自己的情绪，声音里夹杂着哽咽，但仍不失平静地说："给我安的罪名是'一贯反对国际，反对中央，反对省委'，说我妄图改组省委，在赤色警卫师里和上饶县搞分裂党的活动，另外军事上不服从指挥，打夏家岭时说我按兵不动。抓我时说的就是这些。"

吴先民是参加革命多年的老同志，对革命忠心耿耿，这样的人怎么会是改组派呢？方志敏怎么也想不通。他来到曾洪易那里，力图向他说明和辩解：

"吴先民如果要是反革命，那'洪洞县里'是真无好人了。这样随意乱抓人，不重证据，只凭臆想，老百姓会怎样看我们共产党？你晓得不晓得，老百姓会寒心的。"

曾洪易看了方志敏一下，"同志，我看我要用肃反的眼光来看你了！"就这一句话，再争辩也没有用。方志敏不但没有能解救得了吴先民，反而被曾洪易安上了一顶"对肃反工作怀疑动摇"的帽子。同时被下令停职隔离检讨的还有邵式平。

曾洪易在下令杀害了吴先民后，叫人把他的头割下来示众了三天。随后，他又提出一个口号是：“以肃反的胜利争取红军的胜利!”在他的这个口号的引导下，肃反运动迅速地被简单化和扩大化，整个赣东北根据地的“反革命”就像滚雪团似的越滚越大。

鸿门宴

方志敏天生有一种天不怕、地不怕的精神，越是危险的地方，他就越是冷静，越是能够把握时机，把事情处理好。至今，在赣东北还流传着方志敏勇赴鸿门宴的故事。

1927 年，弋阳、横峰等地爆发农民革命运动后，到处开展了抗租抗贷，打土豪，惩劣绅，建立苏维埃政权的运动。

此时，方志敏同志正以漆工镇为主要地区，组织农民暴动队，展开了各种各样的斗争。漆工乡的地主老财惊吓得不知所措，纷纷商量如何对付方志敏的办法。

最后，一个叫姚大胖子的土豪站出来，说自己有妙计，一定能够抓住方志敏。这个姚大胖子是方志敏的远亲，在方志敏外出上学的时候，他还资助过路费。他想利用这层关系，骗方志敏上当，乘机抓住方志敏。

一天，他发动了两名警察，抓住了一个暴动队员。他写信给方志敏，声称要跟方志敏谈判，如果谈得好，他不但会放了这名暴动队员，还会支持农会一笔款。如果方志敏不来，就要杀掉这个暴动队员。

请柬下了之后，大家都劝方志敏不要去。可方志敏却有自己的考虑，他说："革命形势刚刚好转，如果不接受邀请，可能让人认为我方志敏是怕了，这对发展革命是不利的。更重要的是，我们现在有一名暴动队员在他手上，不去营救怎么能对得起同志。"

方远杰担心地说："你知道这姚大胖子安的是什么心，这明摆着是鸿门宴，去了可能就回不来了。"

方志敏自信地说："我不但能从这鸿门宴回来，还能带来好收成。"

方志敏同志就这样身穿蓝布旲衫，头带灰色礼帽，手拿文件，腰插短枪，神态自然，独自一个人，到姚家去了。

尽管听说方志敏人胆大，但他这样两手空空而来，还是令姚大胖子深感意外。他亲自到前门迎接，装出一副非常荣幸的样子，毕恭毕敬地站在旁边说到："正皓，我从小就知道你是个人才，以后必然成为国家栋梁，今天光临寒舍，让鄙人荣幸得很啊。"

方志敏同志笑答："久蒙大哥爱戴，今天又是这样看得起我，真是让愚弟感动啊。"

酒过三巡，姚大胖子看到时机来了，说到："方兄，今天请你来是想谈点正事。"

方志敏说："愿听指教。"

姚大胖子说："请你来，只为两件事：第一、只要你不再组织暴动队，我们愿送你黄金一两、大洋二百元；第二、只要把暴动队全解散，不再搞乱动，马上就可把这一名暴动队员放回去。”

就在迎接方志敏的时候，姚大胖子已经把他两间厢房安排了大批狗腿子。他虽然坐在客厅上陪伴方志敏同志喝酒、谈条件，但背后两边的厢房里，却人影耸动；如果不答应他的条件，一声令下，帮手们就出来杀害方志敏同志。

可是，方志敏同志却镇静自若，一手端着酒杯，一手按住衣服内的短枪，沉着而微笑地税：“这就错了，姚大哥。往日你自称开明，今天却做出这种事情来，要知道：革命是谁也不能阻挡的啊。”

姚大胖子脸色一沉，威胁说：“识时务者为俊杰，你要走正道，就有一条路，否则，嘿嘿。”

空气一下子变得非常紧张。方志敏同志却毫不在乎，他笑道：“人各有志，也不可强求。不过我还是要谢谢你的好意，至于我走的道路是不是正道，你我心中都明白。今天我们争论也是没有意思。不过，这里我要告诉你一个绝密的事情，需要你好好考虑。”

“什么机密事宜，请你快点说。”

“这里怕不是很方便，我们还是到一个僻静的地方去说。”

狡猾而又愚蠢的姚大胖子，不知这是个计，他果真把方志敏同志引到后屋，带进了他的后院。

刚跨过后院关上了门，方志敏同志猛然拔出短枪，对着姚大胖子的胸口，厉声地说；“姚胖子，立即放出那名暴动队员，自动献出你家的黄金和银洋，否则就跟你不客气。”

姚大胖子万万料不到方志敏同志会来这么一着，他急忙辩解说：“志敏弟，我没有什么别的意思，那个暴动队员放了就是了。

可是这黄金和银洋我真的是没有啊。”

“看来你是要钱不要命啊!”方志敏将枪推上了膛，大声说：“你如果不老实，叫你马上脑袋开花。”

姚大胖子磕头跪拜，哀求说：“好商量，好商量。”于是，他站在窗口向前屋喊着：“我已经跟志敏兄弟谈好了，赶忙放了那个暴动队员，把黄金和银洋也拿给他吧!”

就这样，方志敏同志和那位暴动队员，背着黄金和银洋，安然无事地走出了姚大胖子的大院，消失在茫茫黑夜之中。

喝血酒

方志敏生性豪爽，凡是跟他接触的人，无不被他那潇洒的风采，英俊的谈吐所吸引。方志敏天生的领袖气质，使他在任何地方都能团结一大批人，更重要的是，他爱憎分明、嫉恶如仇的性格，以及他对待同志大公无私的高尚品格，使他赢得一大批革命志士的信赖和尊敬。

早在1925年，方志敏就结识了当时著名的农民运动领袖彭湃同志，双方的革命友谊非常深厚，在方志敏和缪敏同志的婚礼上，彭湃就担任了主婚人，并写了脍炙人口的对联。

1925年，方志敏到广东出席农民代表大会，第一次同毛泽东见了面，这次会面给双方都留下了深刻的印象。十几年后，毛泽东在延安见到方志敏的弟弟方志纯时，提起方志敏，还深深地为他的过早牺牲感到无比遗憾。

在赣东北革命根据地的创建过程中，方志敏和邵式平、黄道等人是最主要的奠基人，他们三人在革命斗争中结下的友谊，更是成为革命历史上一段佳话。

横峰县的黄道，比方志敏只小一岁，是横峰姚家垅人。黄道14岁时父母就替他订了一门亲。这在当地是一种习俗。年龄虽小但要先订个亲。女的叫吴品秀，这桩婚姻虽然是“包办”，但却是非常幸福的婚姻。

黄道定亲之后，不顾及封建思想还比较浓厚的社会风气，公开地说自己喜欢吴品秀，又亲自去找岳母，执意要让吴品秀也读书。这在当时可是开风气之先的大事。

1923年秋，黄道考上北京师范大学。这一年，他在北京加入了中国共产党，并且担任了北京师范大学的党支部书记。在这期间，他还和陈毅一起介绍了同乡邵式平入党。后来在“三一八”请愿活动中，黄道扛着大旗走在最前头。段祺瑞政府的枪弹打中了刘和珍，黄道的裤管上被打了个对穿险遭不测，幸未受伤。

1927年春天，黄道统领数千农民协会会员，以梭镖棍棒、鸟铳土枪为武器，声势凌厉地从四面八方包围并攻入横峰县城。县长从后门翻墙而逃，农民就把县府改做了县农民协会。

大革命失败后，黄道在国民党的通缉下又悄悄回到了姚家垅。这时的党组织情况比较混乱，黄道在家“隐居”，如又聋又瞎一般，不晓得到哪里再去找党。黄道找不到党组织，可党组织并没有忘记他，不久方志敏就找上门来。

1927年5月的一天，吴品秀一边在门前纳鞋底，一边警惕地望着四周。自从黄道回家之后，吴品秀就十分小心，她虽然不知道丈夫在干什么，但凭借直觉，她知道丈夫一定在干正经的事情。

这时，突然一个浓眉大眼，相貌英俊的年轻人来到家门口问："黄道先生在家吗?"

"先生走错门了吧?"

陌生人并不在意吴品秀的拒绝阻拦，反而笑眯眯地问："你是黄道嫂吧?"吴品秀更迷惑了，黄道朋友多，来来往往虽叫不上每个人的名字，但面孔是认识的。可眼前这一位，连见都不曾见过，他怎么能一下子认得出自己来呢?

正在相持中，楼上书房的窗户忽然打开了。黄道探出身子来热情地叫：

"老兄，怎么这么早就来啦！快上来!"

黄道带着这个人上楼后，不一会又下来对吴品秀说："品秀，辛苦一趟，你去买只鸡来，招待招待客人。"

黄道又吩咐她："要买一只大公鸡。"

吴品秀怎么也想不通，丈夫为什么一定要买一只公鸡啊，不过丈夫这样吩咐肯定有他的道理，她就默默到周围邻居家问，有没有鸡卖。

当时村户人家，养鸡都喜欢养母鸡，主要是为了留几个鸡蛋换点油盐钱，养了公鸡也是为了配种与打鸣，所以一般都不肯出让。

吴品秀找了好长一段时间，才买到一只大公鸡。

吴品秀买到鸡后，就准备拿刀宰杀，谁知道黄道一把夺过说："这一次我要亲自动手，你去把那坛子白酒拿过来，再拿一束香过来。"

丈夫的反常行为真是让人不可理解，平时看见家里女人们烧香许愿，黄道他们是要笑话半天的，今天的太阳是打从哪边冒出来的？吴品秀的好奇心促使她想探个究竟。于是楼上的人不睡，她也熬着不肯去睡。

在好奇心的驱使下，吴品秀蹑手蹑脚地爬上了楼梯。却一不留神，脚下被什么东西绊了个踉跄，跪在了楼梯板上。

书房里的灯一下子就熄灭了，她自个儿则是摔得眼冒金花，惊出一身冷汗。

“谁?”门开了，看清原来是吴品秀，黄道的口气缓和了许多。

原来，黄道买来公鸡是按照当时的习俗，用来结盟的。当时的豪侠结交的时候，一般都用公鸡的血和酒，每个人都喝下去，表示永不背叛。

只见厅堂正面的墙上端端正正地贴着 面红纸做的红旗，被明亮的油灯映照得四壁都生出红彤彤的光彩来。正中条案上搁着那只吴品秀与婆婆平日里用来拜佛使的黄铜香炉，香烟缭绕，黄道把晚上讨得的那束香全插在里头了。

没容吴品秀把屋里的人都认清，只见黄道捏紧了白公鸡的翅膀，手起刀落，一刀把它的脑袋剁了下来。随即捏着还在挣扎的白公鸡，把鸡血一滴一滴洒落到那一溜蓝花瓷碗里。

原来他们在喝鸡血酒呀！先是那位白日里的陌生人喝了，接着黄道、吴先民、黄球纷纷端起碗来一饮而尽。然后大家轻声而有力地发了誓言。

那第一个喝酒的人就方志敏，他为了联系革命志士，组织弋阳横峰暴动，专门找到黄道。共同的革命目标和人生追求，把他们凝聚在一起了，为了表达共同奋斗的意思，黄道提议用古代豪侠之士的办法，举办一个仪式，象征着革命到底的决心。

吴品秀一夜之间明白了许多。后来自然也踏上了革命的道路，在漫长的革命征途中为党做了许多工作。

瞒天过海擒豪绅

大革命失败后，地主豪绅一度又猖狂起来，他们勾结反动军阀，加倍剥削农民，用他们的话来说，就是要把过去的损失弥补过来。在地主豪绅的剥削之下，红军的经济十分困难，因为大部分的粮食和物资都被地主搜刮去了，在这种情况下，一方面要同地主做斗争，要让他们把地契烧毁，把田地分给贫穷人家；另一方面又要筹粮食和物资，要地主老财把他们剥削的大洋掏出来。

在农民运动的打击下，地主老财们似乎也变得“聪明”了，他们抱成一团，平时家里几乎不留钱财，这就给军队的给养造成很大的困难。

红十军奉中央命令打九江的时候，地主武装乘红军主力不在，乘机反扑，一时间广大的赣东北农村，处处有火，到处冒烟。面对地主们的猖狂气焰，方志敏接任了吴先民的弋阳县委书记职务，他和唐在刚一起，决定主动出击，狠狠打击地主武装力量。

但在红军主力远离根据地的时候，要打击敌人只能依靠智取，不能硬拼。

一天，方志敏和唐在刚穿上了缴获的敌人军官的衣服，骑着马，带着四个士兵，大摇大摆地向白区走去。

白区的地主老财看到军阀的正规军官来了，又高兴又怀疑。他们暗暗嘀咕："大部队都调遣到九江打共产党去了，怎么还会有这么高级的军官？"

怀疑归怀疑，地主们还是非常高兴的又是摆酒席，又是准备礼品迎接。

"现在红军被打败了，我们特地来看看大家，看看还有没有匪情。"唐在刚一本正经地说。

"听说你们都很害怕方志敏，他有什么好怕的，又没有三头六臂，即使是孙悟空，也有如来佛吗？"方志敏说。

"那是，那是，蒋委员长就是如来佛，有他在，方志敏再也不敢猖狂了。"听到地主们的谄媚，方志敏忍不住想笑。

"方志敏没有翅膀，他还能飞到天上去？你们只要告诉我，方志敏长的是什么样子，我就可以把他抓来，保管天下太平无事，不用怕农民来平债分田了。你们一定要配合行动，我们今天晚上八时在这里开会，命令所有地主都要来齐。如果有一个不来的，都要以通匪论处。"

当晚八时，开会的地主豪绅挤满了祠堂。

"立正！"方志敏同志一踏进会场，士兵就大声地喊了口令，吓得地主豪绅赶快站立起来，恭恭敬敬地向方志敏同志敬礼。

“都来了吗?”方志敏同志严肃地问道。

“都来了。”

方志敏满意地说:“很好。你们哪个见过方志敏?”

“没有见过。”

方志敏笑道:“好好,今天就认识一下,我就是方志敏。”

地主们一听,吓破了胆子,有的想反抗,可是那八个警卫员已经把枪举了起来。

方志敏把捉到的地主交给农民论处,罪大恶极的处死,没有太大民愤的也向红军交纳了银洋方才放回家。

方志敏夜擒地主老财,极大地鼓舞了农民的勇气,鼓舞他们在严峻的形势下向反动派作斗争。同时,红军也筹集了大笔的军饷,缓解了红军的经济困难。

请君入瓮

方志敏在领导赣东北革命斗争的时候，因为严峻的斗争形势，通常都要把从地主老财那里筹措的银洋、黄金等埋在深山老林之中，其中的磨盘山就是埋藏最多的地方。磨盘山在赣东北的连绵山脉中，植被茂密，山势陡峭，除了英勇的红军之外，很少有人去那里，因此是非常合适的埋藏财宝的地方。

但在这样的环境里埋财宝也有缺点，由于森林长势很快，加上遇到山洪暴发，很多地面的印记被雨水冲刷掉，或者被植被覆盖了。为了解决这个问题，红军在一些大树上刻下一定的记号，然后根据这些记号找方位。

在赣东北的革命斗争过程中，仅仅经方志敏的手，就有几百万的银洋，这里很多都以磨盘山为周转站。

红军在磨盘山埋藏宝藏的事情，不知道怎么被反动派知道了。

当时围剿赣东北根据地的赵观涛得知这个消息，大喜过望，他一是为了得到这些财宝，二是以这些财宝为引子，企图吸引士兵为他们卖命，把红军埋藏财宝的事情越吹越大，整个磨盘山都好像是金山银山一样。

“弟兄们，我们发财了，只要能打下磨盘山，就能拿到红军的财宝，我们就再也不用当兵卖命了。”赵观涛多次公开这样鼓吹，把那些贪心的敌人弄得恨不得马上飞到磨盘山上去。

方志敏得知敌人要在磨盘山挖宝贝的消息，不禁哈哈大笑，一条消灭敌人的妙计顿时产生。

首先让全体红军一起动手把所有的军用物资、黄金、银洋等一齐挖出，在挖的地方埋上火药和地雷；在敌人可能怀疑的地方，也埋上炸药和地雷。另外又在几个敌人进口的地方，找那合适的树根下面埋下一些零碎的金子和银洋。

等所有事情准备好了之后，方志敏亲自指挥分兵八路埋伏，准备活捉俘虏和收缴枪支。

也许是因为财宝的吸引，赵观涛把他的精锐部队都开拔过来，一心要击败红军，控制磨盘山。

红军在要害之处埋伏，专门等待赵军的进攻。

白匪军很顺利地进了口。一进山，这帮匪军就开始在有记号的大树下挖了起来。果然，一些士兵挖到了金子和银洋。听说真的挖到了金子和银洋，这帮士兵把枪支扔到一边，合计到处开挖。匪军的军官虽然知道这种情形非常危险，但能挖到金子，自己也都有份，哪里还去想是不是有红军埋伏呢？

不一会儿，金子挖完了，匪军不甘心又到大山深处进发。一路上不断发现留有记号的树，还真是有金子，就这样匪军一步步地进入红军的包围圈子。

“打!”方志敏一声令下。

这时，东西南北，前前后后爆炸声在整个山谷回响，白匪被炸死的炸死，被炸伤的炸伤，剩下的逃的逃、跑的跑，几个入口完全被拥挤的敌人堵塞，红军趁机用手榴弹封堵了敌人的退路。炮声枪声连接成一片，白匪整连整排地投降了。战斗了一天一夜，俘虏的敌人足有二千余人，收获枪支三千余条，还有数万发子弹。

第二天，方志敏召开庆功会，并审问了被俘的敌团长。方志敏嘲笑地问：“你们来磨盘山有没有找到财宝啊?”

敌人团长怯生生地说：“我们上了你们的当，这鬼磨盘山没有什么财宝，都是你们故意宣传的。”

红军官兵一听，无不哈哈大笑起来。方志敏笑道：“你说没有财宝，我看多得很啊，只是你没有看到而已。”

敌人团长目瞪口呆地问：“在哪里？在哪里?”

方志敏主席兴奋地指着那些战利品，指着英勇的红军战士说：“这就是我们最大的财宝，也是最厉害的财宝。”

北上抗日的悲歌

1931 年日本军占领东三省并觊觎华北进而攻占整个中国。

在中华民族的危急关头，将介石置民族大义于不顾，反而打起先安内后攘外的旗号。亲自督战，调集一百万大军包抄围剿红军，下决心势必要趁这个机会剔除心腹大患。

在左倾冒险主义路线的危害下，苏区这时遭到了极大的破坏，第四次反围剿刚过，第五次反围剿又开始了，而在王明路线的错误指挥下，红军面临的局势越来越危险了。而在这时，日本又开始了对中国的大规模进攻，先是控制了东北，又把侵略的触角指向了华北地区。

在民族面临生死存亡的危急关头，从民族大义出发，共产常人决定举起抗日的大旗，担负起抵抗外来侵略的重担。

中国工农红军北上抗日先遣队开始是由中央苏区的红七军团组成。在1934年的7月，从红都瑞金出发，穿越闽境，经浙西、皖南、赣北，三个月后到达闽浙赣根据地。在敌人的围堵下，由红七军组成的军团已经损失过半，为了组建更强大的抗日队伍，中央来电要求方志敏率领红十军团，加入到抗日先遣队，组成中国人民抗日先遣队，向北进发。

党中央对这支六千人的队伍寄予厚望，但这支队伍的领导却是曾洪易，这就给这支部队的前途蒙上了阴影。

曾洪易，过去为了执行王明冒险路线，可以不顾及红军的安危，命令红军向敌人的坚固阵地冒死冲锋。现在，随大部队进军作战，才感到这飞机大炮真不是好玩的，才晓得敌机在头顶丢炸弹会炸死人的，敌炮在身边打炮弹也会炸死人的。这把他吓坏了，一下便从“百分之百正确”的硬拼，变成了“百分之百正确”的避战。一路上，他是只想跑不想打，弄得能消灭的敌人不消灭，反被敌人咬了几口，使这支英勇善战的六千人的先遣队损失过半，又疲惫不堪，不得不于10月折入德兴重溪苏区休整补充。

部队的失败，不禁使人思考部队的前途和作战的方针路线。当时先遣队的其余领导人寻淮洲、乐少华、粟裕、刘英等，感到如此下去，北上抗日的任务无法完成，就开会对曾的右倾逃跑路线进行了彻底的批评。在这种情况下，中央命令方志敏同志赶赴重溪，重建“更强有力”的北上抗日先遣队

方志敏来到部队后，看到部队的情况，感到非常担心。在与其他同志商量的基础上，迅速研究决定了先遣队的编制和干部配备：将新红十军和先遣队合并，组成红十军团，由刘畴西任军团长，乐

少华任政治委员，粟裕任参谋长，刘英任政治部主任。下辖三个师，将原红七军团编为十九师，原军团长寻淮洲任师长，聂洪钧任政治委员兼政治部主任，王如痴任参谋长，将新红十军的二十八师、二十九师编为先遣队的二十师、二十一师，二十师的师长、政委由刘畴西、乐少华兼任，二十一师师长是胡天桃。新先遣队的整个北上抗日由方志敏代表中央全盘负责。曾洪易呢？再随军是不相宜了，他也不愿再随军，便留在苏区。

虽然进行了改编,但最好的机会已经丧失,蒋介石加紧了对这支军队的围剿和封锁。红军几次作战都相继失利,军队减员相当严重,很多红军没有衣服穿,没有饭吃,武器弹药也无法得到有力补充。

11 月 4 日，中央军委发来一份加印“火急”的电报，对组建十军团和闽浙赣省及其隶属关系指示得非常详细：

A、七军团已进入赣东北苏区，七、十两军团应即合编为十军团。七军团编为十九师，暂辖两个团；十军团编为二十师，辖三个团，军团部兼二十师师部。十军团长以刘畴西担任，乐少华任政委，寻淮洲任十九师师长，聂洪钧任政委，刘、乐并兼二十师师长、政委。

B、洪易留赣东北为省委书记，志敏兼军区司令员，洪易兼政委。

C、七军团的改编整理与补充，应由军区及新的军团与十九师的首长负责进行，并在一星期内完成。

D、新的十军团的目前任务：

1. 十九师在整编后，应仍出动于浙皖赣边新苏区，担任打击“追剿”的敌人与发展新苏区的任务；2. 二十师仍留老苏区，执行打击“围剿”敌人与保卫苏区的任务；3. 两师执行各任务时，统应受军区、军团指挥并求协同动作。

E、军区及新组成的十军团统受中央军区项司令员指挥，省委亦受中央分局领导，并即由中央分局、军区依此通电方针规定其具体布置。

在严峻的形势下，是化整为零，还是化零为整，这是关系到红军生死存亡的大事情，中央的命令是要化零为整。可是在敌人围追堵截，敌我力量悬殊的情况下，将两支部队合在一起，不是目标更大了吗，不正好是给敌人以歼灭的机会吗？按照方志敏的想法，他是想继续留在苏区打游击的，而当时的曾洪易却吓破了胆子。尽管手里有一个师和许多游击大队，还是感到朝不保夕，一心想丢掉基本地区，逃到闽北去“秘密”。要是他干脆拍拍屁股，只身逃走，倒也安静。可是他竟以“苏区粮食困难”为由，命令红军战士回家；又进一步以“游击队、苏卫队不会作战，而且暴露目标”的荒唐谬论，解散成千上万的地方武装。做完这些，他才拍拍屁股溜了。这一溜，不是溜往闽北去“秘密”，而是溜去南京，向国民党自首告密，成为可耻的叛徒。

在那些天里，方志敏不断地问自己，是留还是走，是分还是集中。

其实此时，离中央及中央军委撤出瑞金向湘西转移，早已过去了二十多天了。经营多年的中央苏区根据地已经沦陷于敌手。主力红军开始了闻名于世的战略转移。

就在抗日先遣队对前进方向和战略方针犹豫的时候，国民党却下了死命令，要求全歼这支英雄的部队。

被俘

抗日先遣队虽然在军事上陷入困境，但先遣队沿途在浙皖赣广大地区散发北上抗日宣言，申明我党停止内战、一致抗日的主张，赢得了各阶层人民的广泛同情和支持，推动了群众性抗日运动的发展，这让蒋介石十分焦虑，深恐先遣队打破他对日不抵抗政策，便调集各路人马围追堵截。一时间，对付闽浙赣苏区和先遣队的兵力增至二十万以上。

而当时的抗日先遣队只有一万人，远离苏区，兵员和弹药的补给相当困难。

11 月 18 日，红十九师在寻淮洲、聂洪钧、刘英的率领下，夜出怀玉山，向浙西进发了。六天以后，方志敏、刘畴西、乐少华和重新担任军团参谋长的粟裕率领军团部及红二十师也踏上了征程。

半个多月后，两个师在黄山附近的汤口会合。部队停留在汤口休整，一直尾随的国民党军王耀武补充旅也不甘落后，频频地派出便衣暗探来作些侦察。

为避开敌人，队伍很快到达了黄山北麓的苦竹溪。这时，蒋介石已经调集五个正规师、两个独立旅、四个保安团，分左、中、右三路围追包抄过来。形势一下子就变得更加严峻。

“怎么办?”方志敏立即召集几位军团领导，在行军途中召开一个“飞行”会议，研究眼前的局势与对策。

从当时的环境看，虽然包围的敌人很多，但这些敌人的包围圈还在逐渐合拢阶段，这给突围制造了条件，要突围，就必须对尾追的敌人王耀武进行打击。经过研究，抗日先遣队决定在乌泥关设伏。这地方是个山隘口，东侧有一个制高点，向北是一路的小山坡，中间是一条公路，在这里设伏，就像扎口袋一样。乌泥关离谭家桥约莫十里左右的路，骑着马一会儿就到了。几个人看过，都同意在这里打一仗。打胜了，对打开局面，提高部队士气都大有益处。

上午十时许，王耀武旅沿公路追过来了。其先头团用火力搜索前进，一直进到我伏击地带也没有发现四周有任何“匪情”，便觉得平安无事了，后续部队也就放心停留在公路上作行进间休息。

“沉着，不要暴露目标，等敌人行进时再打。”军团指挥员的命令在阵地上飞速地传送着。

忽然，“砰”的一枪，有人走火了。接着又“砰砰”地连续走火。这一下，引起敌人的警觉，马上结队占领了沿公路的高地。刘畴西一时发了急，竟提前命令部队开火。这一开火，敌人拼命地枪占了乌泥关前高地。于是，敌人反而居高临下，我伏击部队冲向公路却变成了仰攻。

国民党军打得也很顽强，仗着武器好，地势对自己有利，便寸土不让。

敌人调来了好几门迫击炮，炮弹像雨点般倾泻在这块不大的阵地上。二十师终于抗不住了，阵地被蜂拥上来的国民党军冲开了一个口子。这便一发不可收拾，口子越撕越大。

从上午打到黄昏，二十师、二十一师的阵地也被敌人突破，阵地战已经坚持不下去了。乐少华、刘英都已先后负伤，师团领导干部伤亡是历来最多的一次，全军伤死有三百余人。失败已成定局。

眼看着一场稳操胜券的战斗打败了，方志敏十分痛心，但继续打下去已经毫无意义。十九师师长寻淮洲同志已伤重牺牲，二十师师长也已阵亡，军团政治部主任刘英负重伤，二十师政委负重伤，方志敏立时感到部队已失去节制，不能再打下去了，便马上召集主要领导开会。会上，大家也都认为敌人的后续部队即将赶到，应赶快撤离。

新年过后没几天，先遣队经浙西开化的西坑口，来到了遂安的茶山。部队疲惫已极，早早就布置宿营休息了，军团领导却必须趁这个难得的机会再次讨论大部队何去何从的问题。

在当时的情况下，还是面临分和集中的问题，粟裕、乐少华提出要分散突围的办法。方志敏和刘畴西没有同意。结果后来的一切都证明了这个决定是何等错误。

1 月 10 日，先遣队离开茶山，全军返回赣东北。历时 50 天的皖南行动便告结束了。

16 日，方志敏在陈家湾等候主力部队与刘畴西他们，但久等不至。方志敏果断决定令粟裕、乐少华、刘英等率部突围先走，自己留下等待部队。事后证实，当晚出发的先头部队八百将士由于抢先一步，终于突破了敌人设在童家坊至暖水的封锁线，安全地抵达赣东北苏区。按照方志敏临行前交代的，让粟裕他们过了封锁线等待主力部队一起前进。可是等到下半夜并没有见到一个人影。又等了一天，依然未见踪影，一直等了四天，音信全无。情况不明，粟裕的担忧不言而喻，开始还听见山那边隐隐地传来炮声，不久也沉寂了下去。粟裕和刘英他们便知道事情不妙。到1935年2月，以这支突围部队为基干组建了红军挺进师，在师长粟裕、政委刘英的率领下，挺进浙西南，历经三年的艰苦战斗，终于开创了一片崭新的闽浙边游击根据地。

就在粟裕他们与方志敏挥泪告别的当天，刘畴西带领的红军大部队又在张家坞遇上了国民党军第二十一旅的狙击。主力部队只剩下二千人左右。

这时，方志敏派来联络的人才找到了他们。联络人掏出方志敏的催促信递给刘畴西，并且告诉他，方志敏专门留下来在等主力部队，要刘畴西指挥部队务必于当日通过乐平、常山之间的封锁线。由于红军极度疲劳，又连续几天都没有好好吃饭，很多士兵连站起来的力量都没有，在这种情况下，刘畴西决定在地方休息一夜。谁知道这个决定再次酿成大错。

就在他迟缓的这一夜，敌人的四十九师、五十七师、补充第一旅、独立第四十三旅、浙江保安纵队师等共十四个团已分路赶到，将强于红军七倍的兵力从扬州到港头、从陇首到暖水、从分水关到童家坊一带，密密麻麻地布置了几层包围网，把刘畴西他们围困在了方圆只有十五里左右的怀玉山上。他延误了这一夜，就再也没能突出敌人的重围去。

方志敏看到主力部队迟迟不来，没有犹豫地转身带着跟随自己的十来个人再次进入了敌人的包围圈。

严冬里的怀玉山，已是银装素裹。时缓时急的雨夹着雪总也不停。这里岭岭相间，相传有九十九个山谷，但是荒山野林，几十里都没有人迹，找不到老百姓，也找不到粮食。破衣烂衫的战士们此时还穿着草鞋，高一脚、低一脚地行走在布满冰凌雪碴的山间小路上。此时除了需要面对荷枪实弹的国民党军，饥饿、寒冷与死亡也都成了方志敏他们需要面对搏斗的敌人了。

方志敏终于找到了刘畴西和剩下的这两千多人。

部队在山里转了差不多近一天，后来在源头附近终于找到了一位老人。这位老人给红军指出了一条路：这里再往西去，是高竹山，那里有条山垄，叫金竹坑。白匪们虽然也在那里修了碉堡，但是山深林密，再加上满山长了许多竹林，很容易藏人的。就从那里过，通过了古镜头就快到你们要去的地方了。

战士们听到指出了这样一条既隐蔽又可行的路，都高兴极了。

天黑时分，已经走到了金竹坑的坑口，前面也望得见几座黑黝黝的碉堡伏在夜色之中。

天已经完全黑了。敌人确实也听到了动静，但是并不敢出来，连连叫喝了几声，无人应答口令，立即就开起枪来。由于不知道敌情究竟如何，部队就往回撤退了。

事后才知道，守卫这条路的敌人只有一个排，尽管红军身体极度疲乏，但以两千人的队伍，冲过路口还是有希望的。这一撤退，等于把最后的生机给断送了。

国民党军的几个旅调兵遣将，纷纷向怀玉山这块不大的地盘压来。包围圈日益缩小，几次组织突围都被打散。这支饥饿、疲惫、寒冷、残缺不全的红军队伍不断地被分割、被冲散。

1月23日，方志敏将身边的部队整编为一个团，把司号员、饲养员、通信员、担架队员全部编到连里。直到这时，方志敏也没有丧失求得一线生机的信心，他仍然是想着要把这支部队带回去，带回老区去，哪怕是只剩下一个人。

敌人把这几块山头封锁得水泄不通，连一只蚂蚁爬过都要检查一番似的。果然，中午行至八际，便遭到敌人拦阻，刚一接火，后面的追兵又至。队伍就无目的无秩序地满山乱跑，躲到树林山沟里去了。

敌人开始搜山了。

躲在树林里的方志敏，眼睁睁地看着红十军的战士，一批又一批地被包围缴械而成为俘虏；看到亲手缔造的红十军毁于一旦，真是心如刀绞，他在监狱中回忆了这段情景。方志敏在狱中所写的《我从事革命斗争的略述》中真切地讲诉了当时的心情：

我躲在树林里，真是心痛如刀割！几次想拿起枪向自己脑壳上放一枪自杀，但转念：自杀非共产党员应取的行动，这次遭了失败，就悲观不干了吗？不！还是要干！损失了这部分队伍，凭着我们半年一年的努力，仍是很快可以恢复起来的，怕什么！悲观什么！总要记住这次血的经验教训，努力地干！忘餐废寝地干！不怕不成功的！本来我是可以到白区去暂避一下，但念着已有一部分队伍回赣

> 东北，中央给我们的任务又刻不容缓地要执行，所以决心冒险很快转回赣东北。一方面接受中央的批评和处分，开会总结皖南行动，作出结论；同时，整顿队伍，准备再出。因此，我与刘畴西同志冒雨冒雪，不分昼夜地爬山越岭，要偷过敌人封锁线！虽然七天没有吃饭，饿得两脚走不稳，打破脚；虽然整天冻得发抖，虽然每晚不得睡眠，人是疲劳到万分，但我总是咬紧牙关，忍受下去！吃不得苦，革不得命，苦算什么，愈苦愈要干，愈苦我愈快乐。想至此，我独自微微地笑了。“反动派呀！反动派！这次，我们若能逃出罗网，我们要与你拼一死命！不打倒你，我们是不会停止的呀！”我躲在树林中冻得浑身发抖的时候，总是独自细声地自语！

敌人已搜索六七个小时，方志敏未被发现。可是两个白军士兵，却无意中发现他了。

1935 年 1 月 29 日下午 1 时，方志敏被捕了。

而此时此刻，粟裕带着突围出去的八百将士已经在苏区焦急地等了快七八天了。大约经过一个星期，闽浙赣省委通知，从截获敌人无线电通讯中得知：先是搜山的敌情报告“清剿”已基本结束，要求撤回休整；以后蒋介石下令，说方志敏、刘畴西等仍在山上，在搜到以前，凡要求撤出休整的“杀勿赦”。粟裕他们苦盼苦等的一线希望就这样破灭了。

朴素的生活

“我从事革命斗争，已经十余年了。在这长期的奋斗中，我一向是朴素的生活，从没有奢侈过。经手的款项，总在数百万元；但为革命而筹集的金钱，是一点一滴地用之于革命事业。这在国方（国民党方面）的伟人们看来，颇似奇迹，或认为夸张；而矜持不苟，舍己为公，却是每个共产党员具备的美德。”

这是方志敏在监狱中写下的不朽名篇——《清贫》中的词句，在这些朴素的语言中，我们看到的是一个共产党员朴素纯洁的灵魂。方志敏同志不但是这样说的，更是这样做的。

方志敏作为苏维埃主席，每年经手的账款达几百万元。如果是国民党反动派的官员，这没有提取的花红和贪款，就足以成为一个富豪。方志敏掌握这些巨款，却从来没有考虑用它牟取私利，而是把每一分钱都用在革命事业上。

有一次，方志敏到下面检查工作半个月，在返回省会葛源途经家乡漆工镇时，顺便回家看望母亲。方志敏刚到家，那些受苦受难的婶婶们听说了就来看望他。“唷！正皓（方志敏的乳名）当大官了，难得转来罗！如今兴苏维埃了，大家都奔好日子，可我们家还常缺钱买盐吃。你在外面又照顾不到我们，唉……”方志敏早领会婶婶们的来意，是向他讨买盐钱，便笑着答话：“哈哈，我什么时候成了财主老板，回来就可以照顾你们，帮你开销买盐钱。”

婶婶们涨红着脸，辩解说：“都说你掌管着苏维埃几十万、几百万呢！你们公家饭碗里撒掉下两个饭粒也够我们开销一年半载，还在乎这两角子盐钱！”

方志敏解释说：“我管的花边（银元）是不少，几十万几百万也有。不过却是革命的花边，一个铜板也动不得，要全部用在苏维埃事业上。要是我拿革命的花边来给婶婶们买盐，这穷人的主席我还当得?”

沾不上好处的其实何止是方志敏的这些亲戚，就是他的爱人蒙难，需要组织上花钱，他都慎之又慎的。

在江西弋阳暴动的前夕，他的爱人缪敏被敌人抓走了。缪敏的兄长非常着急，想方设法予以搭救，他打听说只要能花上几百银圆就能保释，但如何筹集这些银圆呢?

他找到方志敏，请求他多方筹款。方志敏得知缪敏被逮捕的消息，也是非常着急，其他苏维埃同志得知方志敏的妻子被捕入狱，都同意出钱去保释缪敏，只有方志敏持不同意的观点。当时大家都说他过分。因为在大家看来，缪敏虽说是方志敏的妻子，但她是革命同志，是为革命而被捕的，这钱是应该由组织上出的。

方志敏却说："当前革命事业正是需要钱的时候，怎么能用钱去填那些贪官污吏的口袋!"

看着妹婿如此不"通情达理"，缪敏的哥哥十分生气地走了。

在其他同志还在筹集现款准备搭救缪敏的同时，方志敏也多方打听，得知敌人还不知道缪敏的身份，只是被敌人怀疑有革命倾向，这就为搭救赢得了时间，也更坚定了方志敏为组织上节省这笔钱的想法。

方志敏是从艰苦的生活中一步步走过来的，他深深知道每一笔革命经费都来之不易，但在革命同志遇到难处需要帮助的时候，哪怕是花再多的钱，他也是不惜一切代价。

乔信明曾经担任北上抗日先遣队红十军参谋长，在江西贵溪与敌人作战时腿部负伤，伤情危急到生命。那时部队缺药，队伍只能眼看着乔信明奄奄一息。医生来了，看到乔信明的生命危在旦夕，决定将他的伤腿锯掉。醒过来的乔信明得知医生们的决定，一再恳求不要锯掉他的腿。他说："失去一条腿，我还怎能行军！怎能打敌人。"万般无奈之下，医生把乔信明的情况告知了省委，他们希望省委能够拿出意见。信送到省委，又转到方志敏的手上，他立即批示："不管花多少钱，一定要保住这条腿。"他还对具体负责的同志讲："如果药在苏区买不到，可以到白区去买，钱由省委报销。"

乔信明的腿保住了。他做完手术后，深深地感激党，感激组织，并在以后的对敌斗争中舍生忘死大义凛然，此是后话了。

拒绝劝降

对敌人来说，抓住了方志敏，可是天大的事情，标志着其围剿革命势力的巨大“成果”。在怎样处理方志敏的问题上，很多吃过苦头的地主老财，反动军政势力，都要处决方志敏。但报告打上去后，令他们大吃一惊的是，上峰的命令不是要处决方志敏，而是要努力招降。

于是，对方志敏的招降把戏就一幕幕上演开了。

就在方志敏被抓的第三天，他就被转移到敌人四十三旅七二七团团部。

敌团长是个满脸横肉的麻子，他听说“八万赏金”到了，急忙打起了算盘：方志敏不是自己亲手抓获的，这八万赏金自然也就分不了多少，可如果我能劝说方志敏投降，那当然也是绝大的功劳。想到这，麻子团长动了一番心思。

他专门做了一桌好菜，等方志敏一到，马上解开方志敏身上的镣铐，怒斥道："你们这帮蠢猪，方先生是知识分子，怎么能带这么重的镣铐，赶快给他松了。"说罢，他拉起方志敏的手，挤满了笑容说："方先生，你受委屈了，请喝杯酒压压惊。"

看着敌人的丑态，方志敏感到非常可笑，他说："喝酒不必了。你不是等着拿我的头请八万赏钱吗，赶快去啊。"

"哪里，哪里，方先生是文武全才，在党国都是闻名遐迩，怎么能随便就枪毙呢？你肯定是误会了。不过以方先生的好文笔，最好是给我们留下点什么文字，我们好交代啊。"麻子团长说。

没想到，方志敏十分痛快地说："可以，你去拿笔过来，我给你写点东西。"

方志敏笑了。待磨得墨浓，一口气写下了《方志敏自述》：

方志敏，弋阳人，年三十六岁。知识分子，1923 年加入中国共产党。参加第一次大革命。1926 年—1927 年，曾经任江西省农民协会秘书长。大革命失败后，潜回弋阳进行土地革命运动，创造苏区和红军，经过多年的艰苦斗争，革命意志，益加坚定。这次随红十军团去皖南行动，回苏区时被俘。我对于政治上总的意见，也就是共产党所主张的意见。我已认定苏维埃可以救中国，革命必能得最后的胜利，我愿意牺牲一切，贡献于苏维埃和革命。我这几年所做的革命工作，都是公开的，差不多谁都知道，详述不必要。仅述如上。

一九三五年一月二十九日晚九时。

麻子团长一看，倒吸了一口凉气，这那里是悔过书，分明是革命宣言啊！看来自己是无能劝说方志敏投降了。他又怕夜长梦多，有人来劫狱，到时候真是吃不了兜着走。连夜，他把方志敏送往玉山县旅部。

旅长刘振清和敌玉山县长王镇寰，同麻子团长一样决定也来一个先礼后兵。王镇寰跟方志敏在江西南昌有过同窗之谊，早年他伪装进步，混迹于革命势力，同方志敏探讨过革命的问题，也算是方志敏的熟人了。

王镇寰首先开口："自从江西南昌黎明中学一别，现在已经好几年了，志敏同志，我现在很怀念那个时候啊！"

"谁跟你是同志?"方志敏问："如果你我真是同志，那你现在岂不是打入了敌人内部，呵呵，刘旅长，你赶快把他抓起来。"

刘旅长十分尴尬地说："方先生真会开玩笑，想当初你和王县长慷慨歌燕市，都是为了国家民族嘛，称同志也不为过。"

"呸！"方志敏骂道："你们这群内战内行，外战外行的反动派，也知道什么叫为了国家民族，真是可笑。我问你东北三省是谁丢的？华北在危机之中，又是谁让你们来围剿红军的，如果真的是为了国家民族，你现在应该在与日本侵略者的战场上。"

"这个，这个……都是因为红军不听从国民政府，造成内乱，我们蒋委员长只好攘外必先安内，是你们红军捣乱，使国家民族备受折磨，你们怎么不知道悔改。"刘振清回答。

"悔改！红军北上抗日，何罪之有？反而受到你们的围剿，到如今你们居然要我党悔改，真是笑话。我方志敏没有那么多的废话给你，要杀要砍就请随意。”

眼看着话不投机，刘振清也就凶相毕露：“既然方先生不悔改，我们也不好再说什么来人！”

敌人将方志敏带上十公斤重的脚镣，置入死牢，就等着上边的命令处死方志敏了。可处死方志敏的命令久久不下。原来，在处理方志敏的问题上，蒋介石自有打算。自从中央红军北上抗日以来，留在苏区的红军力量十分分散，但革命火种尚存，这对国民党政府来说是一大隐患。蒋介石的如意算盘是将方志敏劝降，然后以方志敏的名义招降在江西苏区的旧部，这样也好一网打尽。同时，方志敏是公认的革命领袖，如果方志敏投降了，在国内外会引起很大的轰动，对共产党的声誉也是一大打击，这比在战场上取得胜利更能有利于控制人心向背。有了这样的心思，国民党用来劝说方志敏投降的级别越来越高了。

为了避免红军可能劫狱，敌人将方志敏和其他的六十位红军战士押往上饶，当押到离上饶只有五里路的地方，敌人忽然停下，驱赶红军指战员排成一列。然后，拉过方志敏，剥去上衣，绑在路前面的一个十字架上。

“方主席！”红军指战员一看这架势，都担心地惊叫起来。

“你们看着，只要是敬酒不吃吃罚酒，这就是样子。”敌人说罢，就钳起一块烧红的铜块，直接向方志敏身上烙去。只听“嗞”一声，一股揪心的肉焦味便冲鼻而来。

“法西斯！”红军指战员们怒骂着一起围拢过去。敌人一见立即刺刀相向，皮鞭相加。许多同志的脸上，顿时暴起一道道血的鞭痕。方志敏当即大声喝道，

“革命者哪怕钢烙、皮鞭，要想让我们屈服，做梦！”

“噎——”敌人见方志敏还这样强硬，就继续烙他。

“殴——”方志敏眼睛圆蹬，死死地咬住牙根。

“哆——”方志敏那高昂的头，终于跌至于胸前。

这一下，敌人又慌了。如果方志敏死了，如何向上峰交代啊。

就连忙松绑，泼凉水，惶恐地守候在昏迷的方志敏身旁。

“再烙吧，你们这群畜生。”

看到方志敏开口说话，敌人不禁松了一口气。

在上饶，敌军司令部赵观涛和专门从江西南昌赶来的国民党江西省党部书记俞伯庆，正在等着方志敏被押解到。

对方志敏用刑，是赵观涛的想法，这个武夫得知麻子团长和刘振清用软的一手没有达到目的后，决定给方志敏一点颜色看看。押来那天，他授意部下，在途中给予铜烙，以便他与专程赶来的省党部书记长俞伯庆设堂莱审。可受了铜烙的方志敏，虽然步履踉跄，却一步一步地穿过刺刀架成的人廓，来到堂上，仍然旁若无人。赵观涛不禁一拍惊堂木，厉声喝道：

“方志敏，你危害四省，杀害无辜百姓，到今天已经秋后的蚂蚱，为什么还那么死硬，你难道不知道死到临头了吗？”赵观涛问。

“共产党人是从来不怕死的，怕死就不是共产党人。国民革命为工农，我方志敏一生都是为了工农，何罪之有？我红军北上抗日先遣队，北上抗日，拯救国家民族，何罪之有?!”

“你北上抗日，笑话，指望你们红军北上抗日，你们那点力量，还不够填牙缝！”赵观涛轻蔑地说。

俞伯庆不愧文人出身，他慢条斯理地说：“要论抗日，只有我们蒋委员长才是真心抗日，不像某党，打着抗日的名，行内乱之实。”

方志敏悲愤地说：“是啊，你们蒋委员长是真心抗日，抗日的结果是丢了东北三省，让三千万的父老乡亲在敌人的铁蹄下呻吟，这就是你们的抗日。蒋委员长是真心抗日，可你看看今天的华北，究竟是谁的天下，华北眼睁睁地要变成第二个东三省，你们难道是眼睛瞎了，还是良心被狗吃了。”

赵观涛气得大叫：“放肆，难道不是因为你们搞内乱，让我们蒋委员长不能全力对付日本。”

“是不能全力危害工农，不能全力保持四大家族的反动统治，全力维持本阶级利益吧。”方志敏讽刺说。

“多说无益，总之你们红军是失败了，连中央红军都跑了，你在这里嘴硬有什么用啊！”俞伯庆说。

“风物长宜放眼量。谁说我们失败了。革命虽然暂时遭到挫折，但革命的前途一定是光明的，是不可阻止的。革命的洪流一定能将你们反动派彻底消灭。”方志敏大义凛然地说。

遇到方志敏这样的革命党人，赵观涛等人感到十分棘手，继续用刑吧，显然是不可能让共产党人屈服的，如果导致方志敏死亡，还要承担责任。可是论口才，赵俞等人都不是对手，反而要时刻受到“教育”。

赵观涛私下告诉俞伯庆说：“留下这等人有何用，尽快把他杀了，防止夜长梦多。”

俞伯庆笑道：“这点赵兄可能不知，上边觉得留着方还大有用处，一旦他能悔改，江西省的红军残余势力就可以被彻底消灭，你我也不用在这个地方受罪了。”

“悔改！你看他这个样子能悔改吗？”

“你我不能劝说他悔改，可蒋委员长不这样认为，说不定他还会派人来劝降的。据说，蒋委员长对方志敏是很了解的，也是非常看重的。”

果然，几天之后，方志敏和其他的红军被俘同志，一起被押解到南昌。方志敏被提审了。提审人员，是国民党驻赣绥靖公署军法处副处长钱协民。敌人的劝说也真是下了功夫，国民党省党部的书记长俞伯庆，执委于冠英、李中宽、刘家树，省政府、省保安司令部的大员，可以说是络绎不绝。无论是何人，结局却只有一个，无不都被方志敏骂出去。

这一来，钱协民亲自出场了。钱协民一向以心狠手辣著称。钱协民审案，向来是不多说话的，要么就是大刑伺候，要么就是一个字：杀。

方志敏脚带镣铐，大义凛然地走上审判厅。钱协民赶紧让人给方志敏找了一把椅子，皮笑肉不笑地说：“方先生，你是知识分子，如何能跟其他罪犯一样，这帮蠢猪，赶快给方先生倒茶。”

“罪犯！谁是罪犯，我看真正的罪犯是你们！”方志敏毫不畏惧斥责说。

“不辩论，不辩论，方先生口才是公认的，我们跟你辩论真的是应该甘拜下风。今天来，是想告诉方先生一件事情。你的夫人缪敏在弋阳组织了一支赴难军。”

“湖南军！”方志敏有点惊讶。他根本没想到，封建时代那种亲人蒙难、亲属组织“赴难军”营救的事，会套到红军头上来。所以，也就把“赴难军”听成“湖南军”了。

“是赴难军，不是湖南军。”钱协民当即摘下自来水笔，在纸上写下“赴难军”三个字，用笔尖点着说：“是这个。”

“赴难军。”方志敏笑了，“这不可能。而且，我的妻子不能带兵。”

“你的夫人一定不能带兵吗？也许是他们拿你夫人的名字作号召也难说。”

“共产党领导红军，为阶级解放而战，为民族存亡而战，无需用哪个人的名义作号召！”

“那么，我将照你说的向公署报告。方先生和你夫人的感情很好，你不愿意见见她么？”这个姓钱的，妄图以夫妻感情来触动方志敏。

“我跟夫人感情确实很好，但是我们共产党人是大公无私的，你不要拿我的夫人做什么文章，我不会配合你的。”

“方先生误会了，我只是想请你写封信，从你们中间派一个同志去送，这样可以帮你找到夫人。”钱协民眨巴着小眼睛，盘算着。

这真是有点打动方志敏了。他心想：让我任挑一个送信人，岂不是一则可以放出一个干部，二则可以写封密信回苏区吗？过去，缪敏在波阳被捕入狱，他就曾经用米汤汁给她写过密语。她是懂得用碘酒显字的。

“怎么样？”钱协民见方志敏陷入沉思，觉得终于找到缺口，便得意地笑着问。

“人非草木，怎能无情。”钱协民又说：“只要你为党国做事，什么事情都好说，莫说是夫妻团圆，今后方先生还可以为党国效力，能步步高升啊。”

“呵呵，我能为党国做什么事情啊。”

“能做，能做。方先生在我们江西，可以说是如雷贯耳，只要你出面写一封信，让还在山里打游击的共产党出山，我们党都是大大的优惠的，绝对是既往不咎。”钱协民终于露出了马脚。

“这么说，你是想让我劝降部下？我告诉你，第一方志敏不会做这样出卖良心，出卖灵魂的事情；第二即使是我方志敏写了这封信，那也是没有任何用处的。”

“怎么没有用？”钱协民问。

“我们共产党是最讲究组织纪律性的，过去我担任主席，说话部署工作，同志们都是严格执行的，但要让我劝他们投降，他们是绝对不答应的。他们都是有坚定的共产主义信仰的，立场是难以改变的。我们这些在监狱中的同志况且不屈服，那些正在跟你们作战的同志更是不会答应。如果你是让我来劝说部下投降，你就不要多费这份心思了。”方志敏回答。

钱协民是难以理解方志敏的话的，在他看来，只要有钱有官做，什么信仰，全是胡扯。他不以为然地笑着说：“主义？信仰？未必尽然吧？大部分不过是盲从罢了。”

“你不能这样诬蔑共产党。”

“当然，我不能说全都是盲从。这里面，有主义有信仰的，或者不少，我且搁下不说。只想问一问，你们的主义会不会成功呢？据我看来，是不得成功的，就是成功，恐怕也还得五百年。”

“何以见得？”

“即使不是五百年，反正你是看不到了。话说回来，人生就是那么几十年，又何苦把自己弄得这样悲惨。你看看我，国民党得势的时候，我就做国民党的官。以后，万一共产主义成了功，取代国民党统治中国，那谁能料定我钱某不会转一转身儿呢？这是我的实心话。不过，我可以肯定的说，共产主义在我们这一代总是不会成功的，所以我得放胆地做事。中国有句话'识时务者为俊杰'，方先生，随风转是做人的必要本领……"

"无耻，国民党就都是你们这些人，如何能不失败！你们的失败只是时间问题，是不能更改的历史规律。"方志敏再也懒得理睬这个劝降者，一言不发。

钱协民企图用方志敏和缪敏同志之间的感情做文章的企图，又一次破产了。几经劝降，方志敏丝毫没有动摇，国民党反动派好像也失去了耐心，钱协民自从这次提审之后，就将方志敏关入监狱，重兵把守。

突然，有一天南昌城的气氛紧张起来，城门把守的士兵增加了一倍，实行宵禁的时间提前到晚上十点，十点钟一到，店铺关门，行人回家，整个南昌城十分冷清。熟悉内情的人都知道，顾祝同到南昌来了。

顾祝同是蒋介石的所谓五虎上将之一，官拜绥靖公署主任，是委员长面前炙手可热的人物，他这次来南昌，主要是检查督办围剿红军，另外就是奉蒋委员长之命，为劝降方志敏而来。

蒋介石一生杀了无数的共产党人，但为什么对方志敏却一再派人劝降，这除了他想让方志敏收拾在江西的残余红军势力，打击共产党的威信之外，还有一个原因就是，他非常看重方志敏的才华。蒋介石早在大革命时期对方志敏就有所耳闻，在广东时还见过一面。方志敏相貌英俊，口若悬河，政治活动能力非常强。后来清党的时候，国民党在江西南昌清党，就是因为有方志敏在内的很多共产党人反对，江西的清党一直进行不是很顺利。江西离国民党的老巢南京非常近，方志敏在赣东北建立的革命根据地是对蒋介石统治的最直接威胁，而蒋介石几次派大军围剿，都以失败告终，这使蒋介石在十分痛恨方志敏的同时，也不禁产生了一种敬佩之心。他想，如果这样的人能为我所用，不正好可以弥补人才之缺。

因此，在顾祝同来江西的时候，蒋介石要他务必说服方志敏归顺党国。

顾祝同来南昌之后，听了钱协民等人的介绍，自觉说服方志敏的希望并不大。但因为蒋介石的命令，他还是决定一试。

“方先生，真是勤奋的人啊。”顾祝同来监狱的时候，方志敏正在读英语。

“谈不上勤奋，你们的监狱又不能看报。即使能看，也就是某党的宣传而已，读来读去都是毫无味道。”方志敏一大早就听说顾祝同要来看望。

“这个，这个……方先生这样勤奋，又是很有才华的人，呆在这个地方真是委屈你了。现在正是党国用人的时候，希望方先生能有所醒悟。委员长说了，只要方先生能够跟党国配合，一定要给予妥当的职位，使方先生的才华发挥出来。”顾祝同一厢情愿地说道。

“迟了。”方志敏一声长叹。

“不迟，古人云朝闻道夕死可也。只要方先生放弃那不切实际的主义，信仰三民主义，就会有舞台。你今年才三十六岁，正是干事业的好年华啊。”顾祝同似乎看到了希望。

哈哈，方志敏一阵大笑："我现在落入到你们手里，自感来日无多，不能再为党工作，这就是我说迟了的原因。你想我为你工作，请你去问问刘振清、去问问赵观涛、去问问钱协民，这可能吗。我方志敏头可断，血可流，让我投降是不可能的。顾长官，你就不用白费心机了。"

顾祝同看着劝说无望，只好嘀咕着走出了监狱。

方志敏知道随着敌人劝说的级别越来越高，自己离生命的失去也越来越近了，他抓紧时间，开始在监狱中进行革命鼓动和写作。

不过，敌人并没有死心，蒋介石听说了顾祝同等人劝说方志敏投降的报告后，虽然十分恼怒，拍了几次桌子，骂了几声"娘希匹"，但反过来一想。方志敏这样不正是印证了此人的可贵之处，同国民党要人的朝三暮四相比，同那些共产党叛徒相比，能够让方志敏投降，不正显出意义格外重大吗？加上主力红军长征后，活跃在闽浙赣的红军游击队，虽然力量不强，但毕竟给首都南京造成了威胁，如果有方志敏这样威望高的人去收拾共产党在南方的游击队，不也是一本万利的买卖吗？一想到这，盐商出身的蒋介石就十分兴奋，他要自己去做一次努力，去试一试方志敏这颗钉子到底有多硬！

1935 年，蒋介石亲自来南昌了。

在缪敏同志的回忆录中，记录了蒋介石对方志敏招降过程：

没过几天，蒋介石由武汉坐着飞机来到南昌，他带着私人秘书到监狱来见志敏同志。他向志敏说道：

"方先生，你很有才干，我希望你报效'祖国'作事，我还是要重用你的。"

志敏同志决然地回答他道：

“谢谢蒋先生，我的生命只有三十六岁，你赶快下令执行吧！”

当年我党在上海的秘密工作人员吴溪如同志，见过方志敏同志从狱中传出的密信，他说当时蒋介石准备委任方志敏为江西省党主席，只要方志敏答应写一份脱离共产党的声明，被方志敏严词拒绝了。

他的回答是：

“投降？你国民党是什么东西？——一伙凶恶的强盗，一伙无耻的卖国汉奸！一伙屠杀工农的刽子手，我们与你们反革命国民党是势不两立，你们法西斯匪徒们能砍下我们的头颅，决不能丝毫动摇我们的信仰，我们的信仰是铁一般坚硬的。”

蒋介石见方志敏实在不可屈，只好下了秘密处死的命令。

监狱里继续坚持斗争

一听到抓住了方志敏，弋阳各位“民意代表”兴奋起来。这些地主恶霸在国民革命时期就吃过方志敏苦头，土地革命战争时期，方志敏在弋阳打土豪、分田地，这些人一听到方志敏的名字腿都吓得软了。现在方志敏被捕了，一口恶气终于可以出了。

所以，当方志敏被捕的消息传来，要求将方志敏拉回弋阳受审的电报纷纷传到赵观涛的办公桌子上。

“方志敏危害乡里，罪大恶极，强烈要求将方志敏拉回弋阳公审。”“把方志敏拉回弋阳示众，一来可一庆抓住方志敏之功，二是可震慑百姓，警告顽民，请司令考虑。”

赵观涛却有自己的看法，他知道弋阳是老苏区，共产党的群众基础非常牢固，一旦出现不测，有人劫狱，那可就麻烦了，不但没有了功劳，反而会被治罪，所以赵观涛怎么也不肯答应弋阳的要求。但抓住了方志敏，却不敢示众，岂不是有点丢人。想到这，赵观涛准备在上饶开抓捕方志敏庆功大会。

在他看来，这个赫赫有名的共产党人，现在带着脚镣手铐，作为囚犯示众，定会颜面丢尽，声威扫地。哪知方志敏在庆功大会台前一站，昂首挺胸，面无惧色。台下百姓，争相瞻仰这位北上抗日的大英雄。赵观涛打击方志敏的如意算盘落了空。人们像潮水般地向台边涌来。赵观涛一看大事不好，慌忙一面令卫兵死命挡住，一面将方志敏装进囚车逃离会场。

经此一怕，赵观涛感到方志敏威信太高，应尽快遣送南昌，以避免夜长梦多。

可是弋阳的土豪们却不干了，他们打电话给赵观涛，要求在方志敏遣送南昌的时候，一定要经过弋阳。赵观涛骂道："弋阳是方志敏老家，共产党在那基础做得好，如果方志敏经过弋阳，谁能担保不出事。"

"有国军声威，有铁甲保护，怎么能怕共产党闹事。赵将军一身虎胆，怎么这时倒怕了起来。"这么一激，赵观涛只好答应土豪的要求，将方志敏押解到弋阳听候审判。

当方志敏要到弋阳的消息传出来后，立即引起很大影响。地主老财十分高兴，感到心中的恶气终于可以散尽，正好可以震慑那帮穷人，彻底扬眉吐气了。可大部分的农民，包括前农会的会员，在土地革命时期分了土地的农民则不是这样想，他们自发地组织起来，准备在方志敏到弋阳的时候，找准机会，营救方主席。

2 月 2 日上午，赵观涛亲自率领十多辆卡车的卫兵，押着方志敏的囚车，离开上饶向弋阳进发。弋阳南街凤凰山岭下的汽车站旁，高高地搭起一座戏台。伪县长张伦元率领一班乡宦，端坐台上，等待方志敏押到“示众”。

可是公路两边已经有很多农友拿起了镰刀、扁担，那一双双愤怒的眼睛放射出怒火，好像要把大地燃烧一样。赵观涛也在密切地注视周边动静，他不断地看到周边农民手拿扁担等出没，简直是有点草木皆兵。赵观涛紧张了，他急忙命令此地不能久留，机枪开路，一路疾驶，迅速地离开了。敌人这次在弋阳县城公开庆祝的大会也就此流产。

方志敏被押解到南昌后，敌人感到这下安全了，所以就放心的在南昌召开了庆祝大会，令他们没想到的是，大会不但没有煞去方志敏的威风，反而给了方志敏一个宣传我党抗日政策的机会。

对于南昌，方志敏是非常熟悉的，他早年的革命活动就是从南昌起步的。而南昌市民对方志敏也是耳熟能详的。早年五四运动时期，方志敏就带头抵制日货，在南昌的商界引起很大反响。大革命时期，方志敏同国民党右派做坚决的斗争，更是南昌的风云人物。对于方志敏的被逮捕，很多市民都非常痛心，他们说：“为什么一个真心抗日的人反而被抓捕。”

2月6日，为了震慑百姓，国民党将方志敏在南昌市大街上进行游街示众。方志敏毫不畏惧，反而利用游街的机会，到处宣扬革命主张，弄得国民党当局十分紧张。

“此时此刻，方先生有何感想？”上海《字林西报》的一个访员，凑上去向方志敏问道。方志敏笑了笑，随口回答说：“我有一个坚定的信念，就是不惜生命反对帝国主义侵略中国，为民族独立而奋斗。因此，我很高兴为自己的信念而牺牲！”

敌人以为这样就可消除方志敏的影响，可他们的愿望没有达到，反而使老百姓再次领略了共产党人的风采。

当时的一个美国记者，就真实的记录了当时的情况：

“豫章公园周围都排列着警察队伍，墙上架着机关枪，谁也不准从路旁跑入街心。戴了脚镣手铐而站立在铁甲车上之方志敏，其态度之激昂，使观众表示无限敬仰。周围是大队兵马森严戒备着。观众看见方志敏后，谁也不发一言，大家默默无声，即使是蒋介石参谋部之军官亦莫不如此。观众大静，似乎证明观众对此气势昂然之囚犯，表示无限之尊敬及同情。……当局看来，群众态度之安默，殊属可怕。

就在这铁甲车上，方志敏向群众喊话：“我们的中国外受帝国主义侵略，内有土豪劣绅的黑暗统治，已经国将不国，民不聊生。只有大家团结起来才能救中国，同胞们，你们要团结起来啊。”

“快堵嘴，快堵嘴。”反动军警一阵慌乱。

几次游街，不但没有达到效果，反而使方志敏宣传了革命主张，这是敌人没有料到的。

方志敏不但在公开场合宣扬共产党的政治主张，给国民党反动派巨大的打击，而且在监狱中还利用一切可能的机会帮助被逮捕的同志树立与敌人斗争的信心。

当时，被押在监狱里的除了方志敏、刘畴西、王如痴等党的主要干部外，还有乔信明、张文山等同志。这些同志都是怀玉山被打散后，被敌人抓捕过来的。

方志敏即使在监狱中，还不断地安慰、鼓励这些同志继续同敌人做斗争。

一天，乔信明同志路过方志敏的牢房，他看到方志敏受过大刑后，非常痛苦，却不知道说什么好。

方志敏十分痛苦地看着乔信明，开口说道："吃饭了没有?"

"没有吃，吃不下。"

"不要过分激动，保重身体要紧!"他和平时一样关心地说。

当天夜里，一个狱卒递给乔信明一个纸条，他摊开一看，原来是方志敏的手迹。上面写到："这次被捕有多少干部，需你将名字告诉我。"当晚，乔信明就把被逮捕的同志的名字告诉了方志敏。

第二天，那个狱卒又传来一个纸条，方志敏在纸条上写着："请你告诉我哪些人坚决？哪些人怕死？你应很好地向这些干部教育，在敌人面前一定要坚强，怕死是没有用的。"为了让方志敏宽心，乔信民马上写回信说："同志们都很坚决，都很顽强。"

第三天，方志敏又写了第三个纸条，上面写着："我们几个负责人：我、刘、王、曹、周、李、张等，敌人是一定要杀死我们的。你们不一定死，但要准备坐大牢。在监狱里要学习列宁的榜样，为党工作，坚持斗争，就是死也是光荣。"

正如方志敏的判断，乔信明等人没有被判死刑，而是被关入大牢，乔信明等人在监狱里继续斗争，直到第二次国共合作的时候，在我党的坚决要求下，乔信明等人被释放，迅速地投入了反抗日本帝国主义侵略的战场上去。

狱中著述

方志敏同志是富有文才的，早在南伟烈大学时期，他的作文就以文辞优美，构思巧妙而被广为传诵。流浪上海的时候，他在《民国日报》做校对期间，遇到国民党元老邵力子先生。即当时在主持《民国日报》。一天方志敏把自己的一份习作《谋事》交给邵先生，该文描述一个学生在上海求职的经过，邵先生一看马上决定在《民国日报》副刊上登载，同当时的鲁迅、郁达夫等人的文章放在一起，受到读者的热烈欢迎。

参加革命后，方志敏亲自参加文告、革命檄文的撰写，文辞激越，传诵一时。被逮捕的当天，敌人要求他写自供状，他略作思考，写了《我的自述》。

在监狱里，除了敌人提审的日子，时间还是非常充分的，刘畴西、王如痴等人忙着下棋，可方志敏对此完全没有兴趣，他告诉刘畴西等人说："我们肯定是要被国民党反动派判处死刑的，但在我们死之前，应该给同志们留下点什么，特别是我们革命的经过，有很多值得去总结，去交流的东西，好使以后的同志不再走弯路。"

刘畴西叹了一口气说："我不是没有想过这一点，但你即使写了，敌人能够给传出去吗？现在敌人对监狱来往的信笺都是拆开验看的，片纸也无法传出去，这样写不是白费工夫吗？"

听到刘畴西的话，方志敏叹了一口气，是啊，敌人审查得那么严格，怎么可能将写下的东西传出去给党组织看到呢？

不过，方志敏还是不甘心，他要求敌人给他笔墨和纸张，以写自供状的名义，写了他对革命生涯的回忆，特别是对建立赣东北革命根据地后，红军发展战略的得与失，总结了自己在工作中的失误，力图对后人有所启发。

对自己参加革命前的经历，他写下了脍炙人口的名篇——《可爱的中国》，在文中他表达了对祖国母亲的赤子之爱：

> 朋友！中国是生育我们的母亲，你们觉得这位母亲可爱吗？我想你们是和我一样的见解，我觉得这位母亲是蛮可爱蛮可爱的。以言气候，中国处于温带，不十分热，也不十分冷，好像我们母亲的体温，不高不低，最适宜于孩儿们的依偎。以言国土，中国土地广大，纵横万数千里，好像我们的母亲是一个身体魁大，胸宽体阔的妇人，不像日本姑娘那样苗条瘦小。中国许多有名的崇山大岭，长江巨河，以及大小湖泊，岂不象征着我们的母亲丰满坚实的肥肤上的肉纹和肉窝？中国土地的生产力是无限的，地底

蕴藏着未开发的宝藏也是无限的；废置而未曾利用起来的天然力，更是无限的；这又岂不象征着我们的母亲，保有着无穷的乳汁，无穷的力量，以养育她四万万的孩儿？我想世界上再没有比她养得更多的孩子的母亲吧。至于说到中国天然风景的美丽，我可以说，不但是雄巍的峨嵋，妩媚的西湖，幽雅的雁荡，与夫“秀丽甲天下”的桂林山水，可以傲睨一世，令人称羡。其实中国是无地不美，到处皆景，自城市以至乡村，一山一水，一丘一壑，只要稍加修饰和培植，都可以成流连难舍的胜景；这好像我们的母亲，她是一个天资玉质的美人，她的身体的每一个部分，都有令人爱慕之美。中国海岸线之长而且弯曲，照现代艺术家说来，这象征我们母亲富有曲线美吧。咳！母亲！美丽的母亲，可爱的母亲，只因你受着人家的压榨和剥削，弄成贫穷已极；甚至不能买一件新好看的衣服，把你自己装饰起来；甚至不能买块香皂将你的全身洗擦洗擦，以致现出怪难看的一种憔悴和污秽不洁的形容来！啊！我们的母亲太可怜了，一个天生的丽人，现在却变成叫花的婆子！站在欧洲、美洲各位华贵的太太面前，固然是深愧不如，就是站在那日本小姑娘面前，也自惭形秽得很呢！

听着！朋友！母亲躲到一边去哭泣了，哭得伤心得很呀！她似乎在骂着：“难道我四万万的孩子，都是白生了吗？难道他们真像着了魔的狮子，一天到晚地睡不醒吗？难道他们不知道自己伟大的团结力量，去与残害母亲，剥削母亲的敌人斗争吗？难道他们不想将母亲从敌人手里救出来，把母亲也装饰起来，成为世界上一个最出色，最美丽，最令人尊敬的母亲吗?”……

在记述自己被逮捕经过时，他写下了《清贫》，述说了自己被俘时的经过。两个国民党兵无意中在柴窝中发现了他，并猜到了他正是那位共产党的省主席。他们从方志敏身上只搜到工作所用的一块怀表和一支钢笔，此外分文没有。一个自称是“老出门的”国民党兵马上在他的裤脚、衣缝仔细地捏了起来，认为肯定有金戒指之类；另一个兵则挥动手榴弹叫道：“你们当大官的会没有钱？快把钱拿出来！不然就是一炸弹！”结果，这两个家伙直到搜累也无收获，只好商定将怀表和钢笔卖得的钱均分。

《可爱的中国》和《清贫》中所表现出了共产党人爱自己的国家，舍生取义的高尚思想情操，在时刻激励着后人。

与此同时，方志敏还写下了《我从事革命斗争的述略》等6万多字，记录方志敏参加革命的历史，总结了革命的经验，是留给后人的宝贵财富。

那么，我们是如何看到方志敏这些闪耀着革命者炽烈情感的著作的呢?

敌人每周都要给方志敏送来稿纸和墨水，但却不见方志敏拿出他的自供状，因此备感怀疑，问方志敏，方志敏回答：“稿纸都被冲入马桶里销毁了，我这里是没有了。”那么稿纸真的到哪里去了呢？这要从当时看押方志敏的人说起……

当时审判看押方志敏的看守所中有一个文书叫高家俊，他虽然在帮助国民党做事情，但是一个非常有正义感的青年，在监狱中，方志敏拒绝敌人的利诱和严刑拷打，始终保持一个共产党人气节的情景，深深触动了他。因此，高家俊一直找各种机会接触方志敏，慢慢地方志敏也注意到他。当时方志敏已经知道敌人绝对不会放过他，而他能够为党所做的工作当中，以这些文稿能顺利传出去为最重要了。

在与高家俊的接触中，方志敏感觉到这个年轻人思想观念进步，诚实可靠，因此就产生了把文稿交给高家俊的想法。当听到方志敏要把文稿交给自己带出后，高家俊非常激动。对他来说，将方志敏文稿带出去是没有问题的，因为当时看守所长凌凤梧早已经被方志敏统战了。

凌凤梧对方志敏这样的共产党人打心眼里是佩服的，自从方志敏来看守所后，他就借审问之名，多次约谈方志敏。

这凌凤梧与钱协民是同学，可钱协民却是凌凤梧的直接上级，凌多次找方志敏发牢骚说："这钱协民是什么东西！无才无德，只是依靠拍马溜须，居然比我高一等二级。"

方志敏说："国民党是按照亲疏关系，帮派来决定个人升迁的，你不会拉关系，别人自然不把你看成是自己的人，所以肥缺是轮不到你的。"

这样的谈话多了，凌凤梧便逐渐明辨了是非，开始同情革命。他觉得只有共产党才是真正为老百姓着想，为中国的前途着想的。他开始给方志敏买来一些进步报刊，后来又卸下了脚镣，并给方志敏写革命材料提供了很多方便。就这样，在监狱看守所，方志敏以他的人格魅力和坚定的革命情操感染了这两个与共产党没有任何组织关系的人，在凌和高的配合下，方志敏的文稿得以从监狱中传出。

可文稿传出后，如何能找到党组织呢？凌和高都与共产党组织没有任何联系，而且在当时传递方志敏的革命文稿是要杀头的。方志敏也无法知道如何找到党组织，但他早就听说过宋庆龄夫人、鲁迅先生的名字，他希望凌和高能把这些文稿传到宋夫人当时组织的中国民主同盟那里，然后从那里辗转传到党组织。

凌凤梧和高家俊将文稿转出监狱后，几经考虑，决定由高家俊的未婚妻程全昭把文稿带到上海。

程全昭是杭州人，她与高家俊真心相爱，但却无法得到程家的认可，但这无法割断两个青年人相爱的心，即使一个在南昌，一个在杭州，两个人仍然鸿雁往来，感情非常真挚。当程全昭接到高家俊"有事，速来"的书信后，她还以为高家俊要和她商量婚姻的事情，18 岁的她带着一丝羞涩、一丝向往偷偷地来到南昌。

"我让你来，是想让你送一部文稿。"

当高家俊向程全昭介绍谁是文稿的作者时，程全昭惊呆了，这可是全国闻名的共产党头子，是个报纸里经常讲到的"土匪"啊，未婚夫怎么能和这样的人在一起，并且帮助他传文稿呢？这是要杀头的罪过啊。

"方志敏不是什么土匪，他是真正的民族英雄，他率领红军是在北上抗日的过程中，被国民党打败俘虏的。真正打内战，出卖中国的是国民党。"高家俊反复向程全昭诉说着。

"可是，这也太危险了啊，如果暴露出去，你我都是要被杀头的啊！"程全昭担心地说。

"为方志敏这样的大英雄做点事情，这是我们的幸运啊。红军能够为了自己的国家抛头颅、洒热血，我们为什么不能冒一点风险呢？”高家俊继续鼓励程全昭。接着，高家俊又把方志敏如何拒绝了国民党高官的劝降，始终坚持自己的信仰的事情一件一件地告诉程全昭。最后，他说：“小昭，你一定要完成这样的任务，这是方先生最后的心愿。我们不能把他从监狱中解救出去，但我们一定要尽自己的微薄之力。”

听到未婚夫坚定的话语，程全昭点点头。当天晚上，程全昭就从高家俊那里接到文稿，直接去了上海。

1935年，国民党左派的代表孙中山夫人宋庆龄女士，在上海组织中国民主同盟，鲁迅、李公仆等人都是民主同盟的成员。程全昭虽然不认识宋庆龄女士，但还是非常方便地找到宋庆龄的家。

她怀着紧张的心情，按了一下门铃。一个女佣人出来了，吃惊地看着她。

程全昭拿着手中的文稿，焦急地说：“请你转告孙夫人，我这里有重要的文件要转递给她，麻烦你给我通报一声，好吗？”

佣人说：“孙夫人今天不在家，你明天再来吧。”

第二天，程全昭又来到孙夫人家，那个佣人看到程全昭后，立即回屋通报。不一会儿，一个知识分子模样的女士走出来。程全昭马上告诉她：“孙夫人您好，我这里有一部重要的文稿要转给你，请你收下。”程全昭因为不认识孙夫人，结果把孙夫人的好朋友胡萋青误当做了孙夫人。

胡女士仔细看了文稿后，吃惊地看着程全昭，然后说：“你的文稿很重要，但你这样整天拿着它到处跑是相当危险的，你应该尽快离开上海。”说着拿出一百块大洋递给了程全昭。

程全昭心中好像是一块石头落了地，她拒绝了胡女士的钱，当天就回杭州去了。

作为方志敏文稿的保存者和传递者，程全昭今后的命运跌宕起伏，她回杭州之后，经受不住父母的追问，说出了为方志敏传递文稿的经过，父母十分害怕，觉得还是尽快把程全昭出嫁最安全，于是在很远的地方为程全昭找了一个婆家，将她出嫁过去。而高家俊在解放后因为在国民党监狱中的任职经历，被下放到农村，很迟才平反。

就这样，方志敏的部分文稿，通过中国民主同盟，转到我党那里，不久就被公开出版。

（注：本书编著过程中，参考了《方志敏》、《方志敏传》、《方志敏同志战斗的一生》、《我从事革命斗争的略述》、《血渍红土——弋阳、横峰暴动纪实》等著作，在此一并表示衷心的感谢！——作者）

图书在版编目（CIP）数据

方志敏的故事/杨春光编著.
北京：中国社会出版社，2006.9
(英雄故事丛书/朱司俊 徐 雁 主编)

ISBN 978-7-5087-1347-2

Ⅰ.方…　Ⅱ.杨…　Ⅲ.方志敏（1900~1935）-生平事迹
Ⅳ.K827=6

中国版本图书馆 CIP 数据核字（2006）第 105535 号

丛 书 名：英雄故事丛书
主　　编：朱司俊 徐 雁
书　　名：方志敏的故事
编 著 者：杨春光
责任编辑：杨 晖

出版发行：中国社会出版社　　邮政编码：100032
通联方法：北京市西城区二龙路甲 33 号新龙大厦
电　话：（010）66050647　（010）66051713　（010）66061708
网　　址：www.shcbs.com.cn
经　　销：各地新华书店

印刷装订：中国电影出版社印刷厂
开　　本：150mm×225mm　1/16
印　　张：11
字　　数：165 千字
版　　次：2012 年 3 月第 2 版
印　　次：2014 年 9 月第 12 次印刷
定　　价：18.50 元